MARABOUT *INFORMATIQUE*

D1151513

Afin de vous informer de toutes ses publications,
marabout édite des catalogues régulièrement mis à jour.
Vous pouvez les obtenir gracieusement auprès de votre
libraire habituel

Bernard Frala

Word 97

facile

**Les collections *informatiques* sont dirigées par
ghéorghïi vladimirovitch grigorieff**

| Direction de l'édition | Yann Delalande |
| Direction littéraire | Françoise Dequenne |

Tous les produits cités dans cet ouvrage sont des marques déposées ou des marques commerciales. L'auteur et l'éditeur déclinent toutes responsabilités pouvant provenir de l'usage des données ou programmes figurant dans cet ouvrage.

Sommaire

1

Introduction

Word 97: le traitement de texte
Le contenu de l'ouvrage
Les conventions typographiques

1.1. Word 97 : le traitement de texte

A l'aube du XXIe siècle, un traitement de texte est un logiciel permettant de saisir rapidement une lettre, un CV, un rapport ou un ouvrage de plusieurs centaines de pages. C'est un logiciel qui vous aide à mettre en forme un document pour le rendre plus facile à lire, plus attrayant ou tout simplement plus joli.

Word 97 est le traitement de texte qui est tout à la fois simple d'utilisation - quelques minutes suffisent pour assimiler les commandes de base permettant de sauver et charger un document - et regorge de fonctionnalités diverses. Nous ne les décrirons pas dans ce paragraphe, mais plutôt tout au long de cet ouvrage.

Vous possédez un ordinateur et vous utilisez encore votre ancienne machine à écrire pour rédiger votre courrier ? Prenez une journée de congé et lisez cet ouvrage, vous comprendrez que Word 97 est vraiment révolutionnaire et que ce traitement de texte peut vous faire gagner du temps.

Word 97 fait partie d'une suite logicielle appelée Office 97 et est commercialisé par la société Microsoft, créatrice du système d'exploitation Windows 95. Le traitement de texte peut s'acheter indépendamment des autres logiciels présents dans la suite. A titre d'information, signalons que depuis plusieurs années, Word est le logiciel de traitement de texte le plus utilisé (et le plus demandé) dans le monde entier.

1.2. Le contenu de l'ouvrage

Ce livre est destiné à tous les utilisateurs du traitement de texte Word 97. Les débutants qui utilisent
pour la toute première fois un ordinateur pour
encoder leur courrier : ceux-ci se sentiront particulièrement à l'aise car toutes les procédures de mise en
route et les fonctionnalités de base du logiciel sont
expliquées. Mais également les utilisateurs avertis qui
retrouveront rapidement l'utilité d'une commande ou
les raccourcis clavier bien utiles pour accélérer le travail.

Word 97 facile est divisé en dix chapitres.

Vous lisez actuellement le *premier chapitre* qui contient
la préface et diverses conventions typographiques
facilitant la lecture de ce livre.

Le *deuxième chapitre* correspond à une mise en route
de l'ordinateur. Comment s'y retrouver avec les différentes icônes présentes sur le bureau de Windows
95 ? Comment lancer la procédure de Word et comment charger le logiciel pour encoder sa première lettre ? Des questions qui semblent être un jeu d'enfant
pour certains utilisateurs mais qui s'avèrent être de
véritables casse-tête pour ceux qui n'ont jamais utilisé un ordinateur. Pourquoi la fenêtre de Word 97
disparaît-elle et comment la faire réapparaître à
l'écran ? Deux questions qui n'auront plus de secrets
pour vous lorsque vous aurez lu ce chapitre. Tous les
éléments de la fenêtre principale du traitement de
texte sont également analysés et expliqués.

Avec le *troisième chapitre*, vous pourrez commencer à saisir du texte dans un document, le sauver, le rappeler à l'écran : les notions de base du traitement de texte en quelque sorte. Vous apprendrez également à déplacer le curseur partout dans le document.

Une erreur de frappe ? Pas de panique, l'ordinateur permet de corriger toutes les fautes (ou presque) et possède toutes les commandes d'édition, de correction, de recherche et de remplacement nécessaires pour fournir un texte correct. Vous les retrouvez toutes dans le *quatrième chapitre*.

Un document ou une lettre doivent absolument être mis en forme avant de les imprimer. Cette partie correspond au choix des polices de caractères, des tailles, de la typographie, de la forme des paragraphes et l'ajout d'éléments tels que les bordures ou les trames de fond. La mise en forme donne toute la beauté au texte et la lisibilité nécessaire à une lecture reposante. Toutes ces notions sont étudiées en détail dans le *cinquième chapitre*.

Pour aider l'utilisateur dans cette tâche délicate, Word 97 propose les modèles ainsi que la gestion de styles qui accélère le traitement de mise en forme. Ces deux notions importantes sont expliquées au *sixième chapitre*.

Le traitement de texte n'est pas très utile si vous ne disposez pas d'une imprimante permettant d'obtenir une sortie papier du document. L'impression est une finalité en soi du travail réalisé dans le traitement de texte. Le *septième chapitre* est entièrement consacré au traitement de l'impression. Toutes les options d'impression et les possibilités offertes par Word 97 y sont détaillées et commentées.

Le potentiel de Word 97 est vaste, il permet, entre autres, d'introduire facilement des images et de les modifier, ainsi que des tableaux. L'entièreté du *huitième chapitre* est consacrée à la manipulation de ces éléments de plus en plus fréquents dans un document.

Si vous devez écrire une même lettre à plusieurs personnes différentes, pensez au mot publipostage. Word 97 permet d'effectuer cette opération simplement. Vous introduisez une seule fois le texte et vous demandez au traitement de texte d'imprimer toutes les lettres avec les coordonnées des destinataires différents. Un exemple concret de publipostage effectué à partir d'adresses gérées dans une base de données est fourni dans le *neuvième chapitre*.

Pour clôturer cet ouvrage, nous fournissons un ensemble de notions simples mais bien utiles pour améliorer un document. Chacune d'entre elles est expliquée et illustrée d'un exemple.

1.3. Les conventions typographiques

Pour rendre la lecture de cet ouvrage plus aisée, certaines conventions typographiques et notations particulières ont été utilisées.

- Toutes les commandes sont séparées par le symbole / et imprimées en caractères italiques. Exécuter la commande *Fichier*/*Ouvrir* correspond à cliquer sur le menu *Fichier* puis à sélectionner la commande *Ouvrir* dans le menu déroulé.

- Les noms des fenêtres, options de boîtes de dialogue, boutons et onglets sont toujours inscrits en caractères italiques.

- Toutes les actions à réaliser sont inscrites dans une autre police de caractères et numérotées. Vous pouvez ainsi suivre aisément la procédure à effectuer.

- Des notes comportant des remarques intéressantes et des astuces sont inscrites dans une police de caractères particulière et encadrées.

Quelques termes particuliers sont utilisés en rapport avec le maniement de la souris :

- *Cliquer* : signifie appuyer une fois sur le bouton gauche de la souris.

- *Cliquer droit* : signifie appuyer une fois sur le bouton droit de la souris.

- *Double-cliquer* : signifie appuyer deux fois rapidement sur le bouton gauche de la souris.

- *Triple-cliquer* : signifie appuyer trois fois sur le bouton gauche de la souris.

2

Premiers pas avec Word 97

2.1. Windows 95 : le système d'exploitation

Avant de passer à l'étude du traitement de texte Word 97, il nous semble important d'éclairer le lecteur sur les principes de base du système d'exploitation Windows 95. Lorsque vous allumez votre ordinateur, une procédure de démarrage est initialisée par le système d'exploitation Windows 95. Ce dernier est responsable du bon fonctionnement de l'ordinateur et gère tous les périphériques : écran, clavier, lecteur de disquettes, disque dur, CD-Rom etc. Sans lui, l'ordinateur serait inutilisable !

Après quelques minutes d'attente, vous obtenez l'écran représenté sur la figure 1 : c'est le bureau de Windows 95. Le but de cet ouvrage n'étant pas d'expliquer le fonctionnement du système d'exploitation (voir à ce sujet l'ouvrage *Windows 95 facile*, n° 1092), nous expliquons les notions indispensables à l'exécution d'un programme tel que le traitement de texte Word 97.

Examinez le bas de l'écran, vous devriez voir apparaître une barre horizontale appelée barre des tâches. Si elle n'est pas visible, déplacez le pointeur de la souris vers le bas de l'écran pour la faire apparaître. A l'extrémité gauche de la barre, un bouton extrêmement important est visible : il se nomme *Démarrer*.

Grâce à ce bouton, vous pourrez exécuter le programme Word 97. Cliquez dessus pour faire apparaître un menu déroulant et déplacez la souris puis cliquez sur le mot *Programmes* : un autre menu vertical apparaît, il contient l'ensemble des programmes disponibles et installés sur le disque dur de la machine. Pour faire disparaître ces menus, cliquez sur le bureau, en-dehors du menu.

Dans l'exemple de la figure 2.1, vous remarquerez la présence d'icônes jaunes ; ce sont des dossiers dans lesquels vous pouvez introduire des accès aux programmes (appelés également des raccourcis programmes). Si votre écran ne possède pas ce type de dossier, cliquez droit sur le bureau pour faire apparaître un menu contextuel. Sélectionnez la commande *Nouveau/Dossier* et Windows 95 affiche un dossier jaune. Entrez au clavier le mot *Programmes* pour indiquer

Figure 2.1 : l'écran de travail de votre ordinateur. Sous Windows 95, cet écran est appelé "le bureau".

que ce dossier contiendra tous les accès aux divers programmes et notamment à Word 97.

En double-cliquant sur l'icône du dossier, le système affiche une fenêtre vide : c'est normal nous n'y avons pas encore placé d'accès.

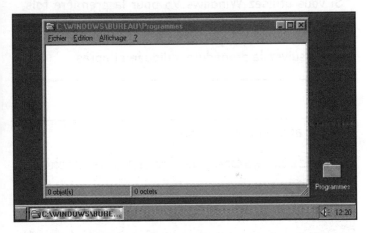

Figure 2.2 : création d'un nouveau dossier Programmes et ouverture.

Cliquez sur le bouton en croix (appelé bouton de fermeture) placé en haut à droite de la fenêtre pour la refermer.

Pour déplacer l'icône représentant le nouveau dossier *Programmes*, cliquez dessus et maintenez le doigt enfoncé sur le bouton de la souris. Déplacez la souris pour voir l'icône se déplacer également. Relâchez le bouton de la souris lorsque vous êtes satisfait du nouvel emplacement du dossier sur l'écran.

NOTE

Si vous utilisez Windows 95 pour la première fois, faites très attention à la façon dont vous éteignez l'ordinateur. N'appuyez pas sur l'interrupteur tout de suite, suivez la procédure indiquée ci-après.

Pour arrêter l'ordinateur

1. Fermez toutes vos applications ouvertes au moyen des boutons de fermeture.

2. Allez dans la barre des tâches et cliquez sur le bouton *Démarrer*.

3. Dans le menu déroulant, cliquez sur la commande *Arrêter*. Une boîte de dialogue *Arrêt de Windows* apparaît à l'écran.

4. Vérifiez que l'option *Arrêter l'ordinateur ?* est bien sélectionnée.

5. Confirmez l'arrêt de la machine en cliquant sur le bouton *Oui*. Après quelques instants, Windows 95 affichera le message *Vous pouvez maintenant éteindre la machine en toute sécurité.*

6. Maintenant, appuyez sur l'interrupteur pour mettre hors tension l'appareil.

2.2. Word 97 et le matériel

Le traitement de texte Word 97 fonctionne exclusivement avec le système d'exploitation Windows 95. Il est donc tout à fait inutile d'acquérir ce logiciel si votre ordinateur fonctionne actuellement avec l'ancienne version Windows 3.1 ou 3.11.

Les conditions matérielles du bon fonctionnement de Word 97 sont identiques à celles de Windows 95. Ce système est particulièrement gourmand et demande une machine puissante. Les critères reposent essentiellement sur le processeur, la mémoire centrale (appelée également RAM) et la taille du disque dur.

Voici quelques caractéristiques qu'il convient de respecter pour utiliser Windows 95 et Word 97.

Processeur : Pentium 100 MHz ou plus puissant.

Un ordinateur équipé d'un processeur 80486 (ancienne génération) peut également convenir mais les temps d'attente risquent d'être très importants lorsque vous chargez le logiciel et dès que vous exécutez une commande de tri, de correction orthographique ou d'insertion d'une image.

Mémoire centrale : 16 Méga octets au minimum.

Plus la mémoire centrale est importante, moins nombreux seront les accès au disque dur. Il faut savoir qu'un accès à la mémoire RAM prend nettement moins de temps qu'un accès à l'information sur le disque dur ; il convient donc d'avoir le plus de mémoire centrale possible. Avec 32 Mo de mémoire, vous pouvez être assuré d'un fonctionnement rapide et efficace du traitement de texte.

Mémoire disque dur : 250 Mo au minimum.

Les disques dur actuels ont une capacité de 1 gigaoctets (soit 1000 méga-octets). L'installation de Windows 95 requiert plus de 150 méga-octets. Celle du traitement de texte Word 97 nécessite un espace disque équivalent à 100 méga-octets.

2.3. Installer Word 97

Maintenant que vous êtes familiarisé avec les éléments principaux du bureau de Windows 95, vous pouvez lancer la procédure d'installation de Word 97. Une fois le programme d'installation exécuté, la procédure est assez simple : il suffit de suivre les instructions inscrites dans les boîtes de dialogues et de répondre aux questions posées en cliquant sur un bouton. **Un conseil, lisez attentivement les informations affichées par le programme d'installation avant de cliquer sur un bouton.**

Procédure d'installation

1. Insérez le CD-Rom du traitement de texte dans le lecteur. L'ouverture s'effectue au moyen d'un bouton d'éjection.

2. Une fois le plateau refermé, le programme d'installation se lance automatiquement. Sur certains appareils, il se peut que cette procédure ne soit pas automatique ; dans ce cas, poursuivez avec l'étape n°3.

3. Double-cliquez sur l'icône *Poste de travail* pour ouvrir le dossier correspondant.

4. Double-cliquez sur l'icône correspondant au CD-Rom. Cette petite opération permet de visualiser le contenu du CD.

5. Recherchez le fichier *Install.exe* et double-cliquez sur son icône pour lancer la procédure d'installation.

6. La procédure d'installation vous demandera d'insérer le code qui se trouve sur le boîtier du CD. Cette opération constitue une prévention contre la copie illégale du produit.

7. Après quelques instants, le programme propose un dossier d'installation. Validez-le en cliquant sur le bouton *OK* pour lancer la procédure de copie des fichiers du traitement de texte.

Selon la puissance de votre machine et du lecteur CD-Rom, l'installation peut prendre 2 ou 10 minutes. Dans tous les cas, Word 97 indique le bon déroulement de la procédure en affichant une fenêtre d'avertissement lorsque tous les fichiers du programme sont copiés sur le disque dur de la machine.

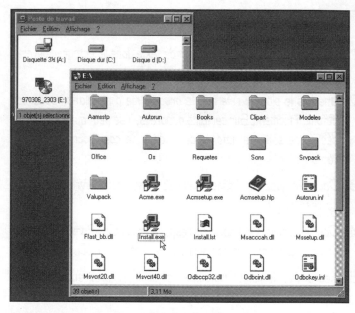

Figure 2.3 : le dossier Poste de travail permet d'accéder à l'icône du CD-Rom.

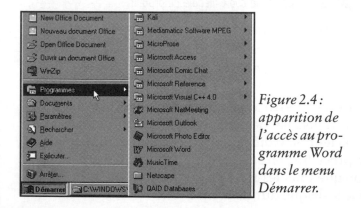

Figure 2.4 : apparition de l'accès au programme Word dans le menu Démarrer.

NOTES

Lorsque vous installez le traitement de texte à partir de la suite logicielle Office 97, la procédure est identique. A ceci près que le programme installe également d'autres logiciels (tableur, logiciel de présentation et autres applications connexes).

Une fois l'installation complètement terminée, vous devez voir apparaître les mots *Microsoft Word* dans le menu déroulant *Programmes* du menu *Démarrer* (voir la figure 2.4).

2.4. Lancer Word 97

Comme indiqué dans la note du paragraphe précédent, le programme d'installation a inséré automatiquement un accès au traitement de texte Word dans le menu *Démarrer*. La première technique pour charger le logiciel en mémoire centrale (nécessaire pour l'utiliser) consiste à passer par ce menu *Démarrer*.

Si les mots *Microsoft Word* ne se trouvent pas dans le menu *Démarrer*, c'est que l'installation ne s'est pas terminée correctement. Dans ce cas précis, vous devez recommencer toute la procédure d'installation.

Pour charger Word 97 (1)

1. Cliquez sur le menu *Démarrer*.

2. Sélectionnez la commande *Programmes* pour faire apparaître son sous-menu.

3. Cliquez sur le programme *Microsoft Word* (voir la figure 2.4). Aussitôt, l'écran de travail principal du logiciel s'affiche.

La deuxième technique utilise les raccourcis programmes. Ces derniers permettent d'exécuter n'importe quel logiciel en double-cliquant simplement sur une icône. Pour lancer le traitement de texte Word 97, une icône spéciale va être créée dans le dossier *Programmes* (voir la création de ce dossier dans le paragraphe *2.1. Windows 95 : le système d'exploitation*).

Pour charger Word 97 (2)

1. Ouvrez le dossier *Programmes* en double-cliquant sur son icône depuis le bureau de Windows 95. Ce dossier doit apparaître vide.

2. Dans le dossier vide, cliquez droit pour faire apparaître un menu contextuel.

3. Sélectionnez la commande *Nouveau/Raccourci*. Windows 95 affiche une boîte de dialogue *Créer un raccourci*.

4. Dans la zone de saisie *Ligne de commande*, introduisez le chemin d'accès au programme : «C:\Program Files\Microsoft Office\Office\Winword.exe». Attention, il se peut que ce chemin

diffère. Consultez la note ci-après pour connaître exactement le chemin d'accès du programme Word 97.

5. Cliquez sur le bouton *Suivant>*. Windows 95 affiche une nouvelle boîte de dialogue.

6. Dans la zone de saisie *Sélectionnez un nom...*, introduisez un titre pour le raccourci. Par défaut, celui-ci correspond au fichier d'exécution de Word 97 mais vous pouvez le remplacer par Word 97 tout simplement.

7. Terminez la création du raccourci programme en cliquant sur le bouton *Terminer*. Windows 95 affiche le premier raccourci dans le dossier *Programmes* comme indiqué sur la figure 2.5.

8. Pour charger le traitement de texte Word 97 en mémoire centrale, il suffit de double-cliquer sur l'icône du raccourci.

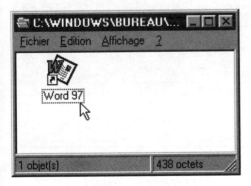

Figure 2.5 : création d'un raccourci au programme Word 97.

NOTE

Il est assez aisé de retrouver le chemin d'accès d'un programme (c'est-à-dire le dossier dans lequel le fichier exécutable correspondant a été installé). Pour cela, Windows 95 met à votre disposition un outil de recherche avancé. Ce dernier se trouve dans le menu *Démarrer*. Suivez la procédure indiquée ci-après pour retrouver le chemin d'accès du programme Word 97.

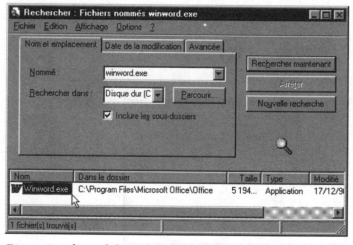

Figure 2.6: l'outil de recherche de Windows 95 permet de connaître exactement le dossier dans lequel Word 97 a été installé.

Pour rechercher le chemin d'accès de Word 97

1. Exécutez la commande *Démarrer/Rechercher/Fichiers ou dossiers* pour lancer l'outil de recherche.

2. Dans la zone de saisie *Nommé*, introduisez le nom du fichier que vous recherchez, à savoir *winword.exe*.

3. Dans la zone *Rechercher dans*, sélectionnez le nom de l'unité de disque sur laquelle le programme a été installé (*Disque dur (C)* le plus souvent).

4. Cliquez sur le bouton *Rechercher maintenant* pour lancer la recherche.

5. Après quelques instants, l'outil doit avoir retrouvé le fichier (voir la figure 2.6).

Si vous utilisez votre ordinateur exclusivement pour travailler avec Word 97, il peut être intéressant de lancer le traitement de texte dès que vous allumez la machine. Inutile de devoir double-cliquer sur l'icône de démarrage du logiciel pour le charger en mémoire, cette opération peut être automatisée par Windows 95. Ce dernier utilise un dossier spécial appelé *Démarrage*. Il suffit d'ajouter un raccourci au programme Word 97 dans ce dossier pour qu'il soit chargé directement dès que l'ordinateur est mis sous tension.

Pour charger Word 97 (3) (lancement automatique)

1. Exécutez la commande *Démarrer/Paramètres/Barre des tâches*. Windows 95 affiche la boîte de dialogue *Propriétés de Barre des*

tâches. C'est grâce à cet outil particulier que vous pourrez automatiser le lancement de Word 97.

2. Dans la boîte de dialogue, cliquez sur l'onglet *Programmes du menu Démarrer*.

3. Cliquez sur le bouton *Ajouter* pour faire apparaître une nouvelle boîte de dialogue *Créer un raccourci*.

4. Comme pour la procédure n°2, vous devez introduire le nom du fichier exécutable et du chemin d'accès dans la zone de saisie *Ligne de commande*. Tapez le chemin comme suit: «C:\Program Files\Microsoft Office\Office\Winword.exe».

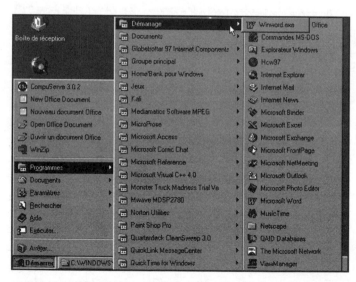

Figure 2.7: Word 97 sera chargé en mémoire dès le démarrage de Windows 95, c'est-à-dire dès la mise sous tension de l'ordinateur.

5. Cliquez sur le bouton *Suivant>*. Windows 95 affiche une boîte de dialogue intitulée *Sélection de dossier programme*.

6. Utilisez l'ascenseur (flèche vers le bas) pour retrouver le dossier *Démarrage* et double-cliquez sur l'icône.

7. Introduisez un nom pour le raccourci créé dans le dossier *Démarrage*, *Word 97* par exemple.

8. Cliquez sur le bouton *Terminer* puis sur *OK* pour faire disparaître la boîte de dialogue *Propriétés de Barre des tâches*.

9. Vous pouvez directement vous rendre compte du changement opéré en cliquant sur *Démarrer/Programmes/Démarrage* (voir la figure 2.7).

2.5. La fenêtre Word 97 et les autres

Windows 95 offre la possibilité d'exécuter plusieurs applications sans qu'il soit nécessaire de les refermer. En d'autres mots, vous pouvez lancer un logiciel de dessin pour créer une image puis, sans le refermer, charger en mémoire centrale, Word 97 pour récupérer l'image conçue. L'intérêt évident est qu'il ne faut pas relancer la première application pour revenir au travail de l'image. En un clic de souris, celle-ci peut réapparaître à l'écran ! Windows 95 permet de charger plusieurs applications en mémoire centrale, la limite étant directement dépendante de la quantité de méga-octets de la RAM.

Chaque fois que vous lancez une application, Windows 95 insère l'icône correspondante dans la barre des tâches. L'exemple de la figure 2.8 montre deux icônes correspondant d'une part, au traitement de texte Word 97 et, d'autre part, à un logiciel de dessin.

La dernière application lancée est toujours l'application courante, c'est-à-dire celle sur laquelle vous pouvez travailler. Pour rendre active une application, il suffit de cliquer sur l'icône correspondante dans la barre des tâches. Dès lors, pour rendre actif le logiciel de dessin, cliquez simplement sur l'icône correspondante dans la barre des tâches.

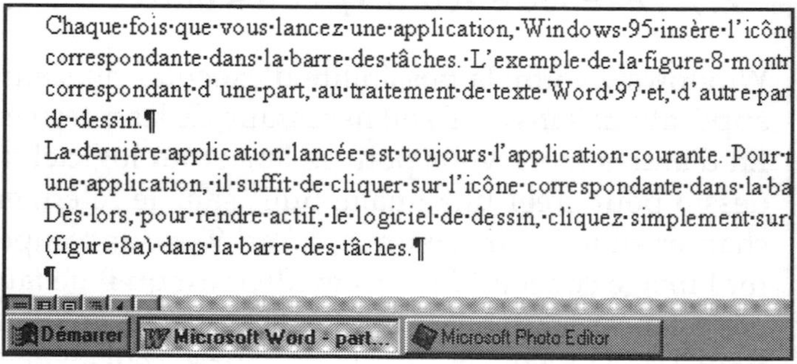

Figure 2.8 : deux applications sont chargées en mémoire centrale (Word 97 et un logiciel de dessin).

Par défaut, une fois chargé en mémoire centrale, Word 97 s'affiche sur la totalité de l'écran. Vous pouvez faire disparaître momentanément la fenêtre correspondant au traitement de texte en utilisant le premier des trois boutons situés en haut à droite. Attention, l'application n'est plus affichée à l'écran mais elle reste présente en mémoire centrale. Il suffit de cliquer sur son icône dans la barre des tâches pour la faire réapparaître. Le deuxième bouton permet de réduire la fenêtre pour rendre visible le bureau de Windows 95 (voir la figure 2.10). Nous verrons l'utilité du troisième bouton dans le paragraphe 2.7.

Figure 2.9 : les trois boutons de contrôle de fenêtre de l'application Word 97.

Il existe une autre méthode pour afficher rapidement une application réduite. Il suffit d'appuyer simultanément sur les touches *Alt+Tab*. Windows 95 affiche une fenêtre incluant les icônes des applications en mémoire. Appuyez plusieurs fois sur la touche *Tab* tout en maintenant la touche *Alt* enfoncée pour sélectionner les applications.

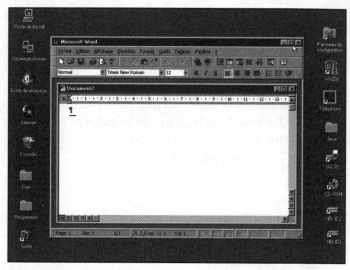

Figure 2.10 : en cliquant sur le bouton d'agrandissement/ restauration, le bureau de Windows 95 devient visible.

Figure 2.11 : grâce aux touches Alt+Tab, il est possible d'afficher rapidement une application réduite.

2.6. Les éléments de la fenêtre Word 97

Une fois l'application Word 97 lancée, l'écran principal s'affiche à l'écran. Celui-ci ressemble à l'écran proposé sur la figure 2.12.

La barre titre de Word 97

Comme son nom l'indique, cette barre contient le titre de l'application Word 97 ainsi que le nom du document en cours de création lorsque ce dernier est agrandi au maximum. Sur la gauche de cette barre titre, l'icône Word 97 correspond au menu système de l'application. En cliquant dessus, un menu déroulant s'affiche. Il comporte six commandes pour manipuler la fenêtre de l'application. En cliquant sur la commande *Fermeture* par exemple, l'application est refermée.

Sur la droite de la barre titre, vous trouvez trois boutons:

- Le *bouton de réduction* : pour réduire la fenêtre principale de Word 97.
- Le *bouton d'agrandissement/de restauration* : pour agrandir au maximum la fenêtre principale de Word 97.
- Le *bouton de fermeture* : pour fermer l'application Word 97.

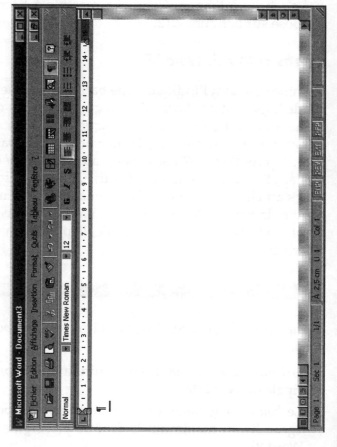

Figure 2.12: l'écran principal de Word 97.

La barre de menus

Cette barre contient par défaut neuf menus de commandes. En cliquant dessus, le traitement de texte déroule un menu comportant des commandes. L'exécution d'une commande est relativement simple à réaliser. La souris peut être utilisée ainsi que la touche *Alt* du clavier combinée avec la lettre soulignée de la commande.

Cliquer sur le nom *Fichier* ou appuyer simultanément sur les touches *Alt* et *F* provoquent le même effet: dérouler le menu.

Une fois un menu déroulé, l'exécution d'une commande particulière s'effectue en cliquant sur le nom ou en appuyant sur la touche du clavier correspondant à la lettre soulignée.

Cliquer sur la commande *Ouvrir* ou appuyer sur la touche *O* du clavier provoque l'affichage de la boîte de dialogue *Ouvrir*.

En déroulant le menu *Fichier*, vous pouvez noter que certaines commandes sont suivies de trois points (…), d'une flèche et de noms de touches de claviers (ex: *Ctrl+N*).

Les commandes terminées par trois points provoquent toutes l'affichage d'une boîte de dialogue. Exemple: la commande *Fichier/Ouvrir* provoque l'affichage de la boîte de dialogue *Ouvrir*.

Les commandes terminées par une flèche provoquent toutes l'affichage d'un sous-menu. Exemple: la commande *Fichier/Envoyer vers* provoque l'affichage d'un sous-menu comportant des nouvelles commandes.

Certaines commandes sont suivies d'une combinaison de touches du clavier: celle-ci représente un raccourci clavier. Appuyer sur ces touches a le même effet qu'exécuter la commande au moyen de la souris.

Exemple: appuyer simultanément sur les touches *Ctrl* et *O* a le même effet qu'exécuter la commande *Fichier/Ouvrir*.

Certaines commandes sont précédées d'une icône. Cela signifie qu'il existe une barre d'outils du traitement de texte contenant l'icône. Cliquer sur cette icône est équivalent à exécuter la commande via le menu.

Exemple: la commande *Fichier/Ouvrir* est précédée de l'icône *Ouvrir* . Vous pouvez retrouver l'icône dans la barre d'outils *Standard* de Word 97.

Les raccourcis clavier et les icônes permettent d'accélérer le travail en fournissant un accès plus rapide à une commande.

Lorsque le document est agrandi au maximum dans la fenêtre principale de Word 97, la barre de menus contient quatre éléments supplémentaires.

- La case système du document: pour manipuler la fenêtre du document.

- Le bouton de réduction: pour réduire la fenêtre du document.
- Le bouton d'agrandissement/de restauration: pour agrandir au maximum la fenêtre du document.
- Le bouton de fermeture: pour fermer le document.

Attention, lorsque le document n'est pas agrandi au maximum, ces quatre éléments ne figurent pas dans la barre de menus mais dans la barre titre du document (voir la figure 2.13).

Figure 2.13: les quatre éléments sont dans la barre titre du document lorsque celui-ci n'est pas agrandi au maximum.

Les barres d'outils

Les icônes des différentes barres d'outils représentent des raccourcis aux commandes des menus de Word 97. Cliquer sur une icône fournit le même effet qu'exécuter une commande d'un des menus. Par défaut,

Word 97 affiche en permanence deux barre d'outils:
les barres *Standard* et *Mise en forme*. A tout moment,
vous pouvez décider de les faire disparaître ou afficher d'autres barres.

Pour faire apparaître ou disparaître une barre d'outils

1. Cliquez droit dans la zone des barres d'outils pour faire apparaître le menu contextuel des barres.

2. Choisissez la barre que vous voulez faire apparaître en cliquant sur son nom.

3. Dans le menu contextuel, cliquez sur le nom de la barre que vous voulez faire disparaître de l'écran.

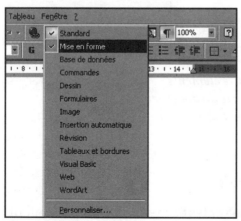

Figure 2.14: le menu contextuel des barres d'outils.
Les noms précédés d'une coche représentent
les barres affichées.

La commande *Outils/Personnaliser* affiche une boîte de dialogue permettant de personnaliser les barres d'outils. Grâce aux différentes options de la commande, vous pouvez créer de nouvelles barres d'outils ou modifier les barres standards.

La règle horizontale

Elle permet de définir certaines options de mise en forme d'un paragraphe. Grâce à cette règle, vous pouvez, par exemple, définir le retrait de la première ligne de chaque paragraphe ainsi que la largeur que chacune d'elle prend sur le document. Enfin, la règle permet également d'insérer rapidement des taquets de tabulations.

La règle peut être supprimée de l'écran en exécutant la commande *Affichage/Règle* ou en utilisant le raccourci clavier *Maj+Alt+R*.

La fenêtre du document

Chaque fenêtre d'un document contient un texte et correspond à un seul fichier indépendant. Word 97 permet de travailler sur plusieurs documents, mais la fenêtre dont la barre titre est placée en vidéo inverse est la seule fenêtre active.

La fenêtre du document peut être agrandie au maximum dans la fenêtre de l'application grâce à son bouton d'agrandissement. Dans ce cas, l'icône système, et les trois boutons (de réduction, d'agrandissement et de fermeture) se retrouvent dans la barre des menus de Word 97. Lorsque la fenêtre du document n'est pas agrandie au maximum, les quatre éléments figurent dans la barre titre qui contient également le nom du document.

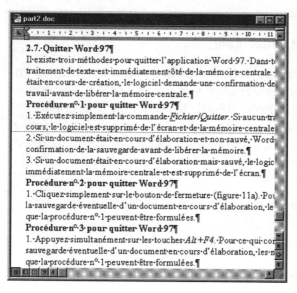

Figure 2.15 : la fenêtre du document contient le texte saisi.

Les barres de défilement

Elles font partie intégrante de la fenêtre du document. Il existe une barre de défilement horizontale et une barre verticale. Ces deux outils permettent de faire défiler horizontalement ou verticalement le texte dans la fenêtre du document. Pour cela, il suffit de cliquer sur une des flèches. Il est également possible de cliquer sur l'ascenseur et de maintenir le bouton de la souris enfoncé pour déplacer ensuite la souris vers le haut ou vers le bas.

La barre verticale possède trois boutons spéciaux pour visualiser le texte à la page précédente ▣, pour afficher un menu permettant de parcourir le texte suivant plusieurs méthodes ▣ et pour afficher le texte à la page suivante ▣.

La barre horizontale possède quatre boutons spéciaux pour choisir le mode d'affichage: *normal* ▣, *lecture à l'écran* ▣, *Page* ▣ ou *Plan* ▣.

Les barres horizontales peuvent être masquées. Pour cela, exécutez la commande *Outils/Options*; Word 97 affiche la boîte de dialogue *Options* dans laquelle vous devez cliquer sur l'onglet *Affichage*.

Page 8   Sec 1   8/8   À 4,4 cm Li 5   Col 1   ENR REV EXT RFP

La barre d'état

Située en bas de l'écran, cette barre fournit toute une série d'informations sur les modes et touches du clavier enfoncées, sur la signification d'une commande ou d'une icône de la barre d'outils. Lors de la saisie d'un texte, la barre d'état affiche en permanence le numéro de page, de section et le nombre de pages du document.

La barre d'état signale également la position du curseur en termes de centimètre par rapport au haut de la page, de numéros de ligne et de colonne.

Grâce à la boîte de dialogue *Options*, il est possible de supprimer la barre d'état de l'écran. Exécutez la commande *Outils/Option* pour afficher la boîte et cliquez sur l'onglet *Affichage*. Désactivez l'option *Barre d'état* en cliquant sur la case à cocher puis validez l'opération en cliquant sur le bouton *OK*.

2.7. Quitter Word 97

Il existe trois méthodes pour quitter l'application Word 97. Dans tous les cas, le traitement de texte est ôté de la mémoire centrale. Si un document était en cours de création, le logiciel demande une confirmation de sauvegarde du travail avant de libérer la mémoire centrale (voir la figure 2.16 page 46).

Pour quitter Word 97 (1)

1. Exécutez simplement la commande *Fichier/Quitter*. Si aucun travail n'était en cours, le logiciel est supprimé de l'écran et de la mémoire centrale.

2. Si un document était en cours d'élaboration et non sauvé, Word 97 demande une confirmation de la sauvegarde avant de libérer la mémoire.

3. Si un document était en cours d'élaboration mais sauvé, le logiciel libère immédiatement la mémoire centrale et est supprimé de l'écran.

Pour quitter Word 97 (2)

1. Cliquez simplement sur le bouton de fermeture. Pour ce qui concerne la sauvegarde éventuelle d'un document en cours d'élaboration, les mêmes remarques que la procédure n°1 peuvent être formulées.

Pour quitter Word 97 (3)

1. Appuyez simultanément sur les touches *Alt+F4*. Pour ce qui concerne la sauvegarde éventuelle d'un document en cours d'élaboration, les mêmes remarques que la procédure n°1 peuvent être formulées.

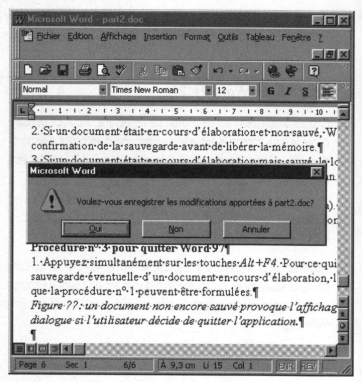

Figure 2.16: un document non encore sauvé provoque l'affichage d'une fenêtre d'avertissement si l'utilisateur décide de quitter l'application.

Saisie et gestion des documents

Créer un document
Introduire le texte
Sauver le document
Fermer un document
Charger un document

3.1. Création d'un document

Avant de saisir un texte, la première chose à faire est de demander à Word 97 d'insérer une page vierge. Par défaut, lorsque le traitement de texte est chargé en mémoire centrale, il insère automatiquement cette page vide.

Chaque fois que vous voulez commencer un nouveau document, vous devez obligatoirement demander à Word 97 de créer une page au moyen de la commande *Fichier/Nouveau*. La boîte de dialogue *Nouveau* s'affiche à l'écran (voir la figure 3.1).

Par défaut, l'onglet *Général* est sélectionné et il suffit de double-cliquer sur l'icône *Document vide* pour créer la page.

NOTE

Double-cliquer sur l'icône est équivalent à l'opération suivante : cliquer sur l'icône pour la sélectionner puis cliquer sur le bouton *OK*.

Une méthode plus rapide consiste à cliquer sur l'icône *Nouveau* de la barre d'outils *Standard* ou à utiliser le raccourci clavier *Ctrl+N*. Dans ce cas, aucune boîte de dialogue n'est affichée et Word 97 crée automatiquement un document vide.

A chaque fois qu'un nouveau document est créé, le traitement de texte attribue automatiquement un nom: *documentX* où X représente un numéro. Le premier document s'appellera *document1*, le deuxième se nommera *document2*, etc. Dans tous les cas, vous pouvez changer ce nom lors de la sauvegarde du texte (voir le paragraphe *3.3. Sauver le document*).

Une fois la page vierge visible à l'écran, vous pouvez commencer à saisir le texte.

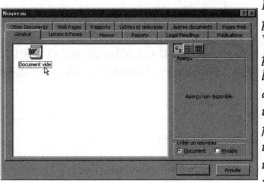

Figure 3.1 : par défaut, Word 97 propose l'icône document vide chaque fois que vous voulez écrire un nouveau texte.

3.2. Introduire le texte

Quel que soit le type de document à créer, il est important de séparer la saisie du texte de sa mise en forme. Commencez donc par taper le texte au kilomètre sans vous soucier des retraits de paragraphes, de l'espacement entre les lignes ou de la taille de la police de caractères utilisée. A chaque fin de paragraphe, appuyez sur la touche *Return* pour signaler au traitement de texte qu'il doit position le curseur sur la ligne suivante. N'utilisez pas la touche *Return* en fin de chaque ligne, le retour du curseur sur la ligne suivante est automatiquement géré par le traitement de texte.

Si vous voulez aller à la ligne sans pour autant indiquer à Word une fin de paragraphe, appuyez sur les touches *Maj* et *Return*. Le traitement de texte sait qu'il doit aller à la ligne mais considère la suite du texte comme faisant partie intégrante du paragraphe.

Lorsque vous appuyez sur les touches *Maj+Return*, Word 97 insère un caractère de fin de ligne spécial.

Si vous devez continuer la saisie du texte sur la page suivante, il faut obligatoirement introduire un saut de page. Ceci est réalisable en appuyant simultanément sur les touches *Ctrl+Return*. Word 97 positionne le curseur sur la première ligne de la page suivante qui est ajoutée automatiquement au document.

En mode d'affichage *Normal*, Word 97 signale le saut de page en ajoutant une ligne en pointillés au milieu de laquelle se trouvent les mots *Saut de page*.

Lorsque vous créez un nouveau document, Word 97 affiche le curseur sur la première ligne et la première colonne, c'est-à-dire en haut et à gauche de la page. Le curseur correspond à la petite barre verticale et clignotante. Il indique la position d'insertion des caractères entrés au clavier.

Directement à droite du curseur, se trouve un caractère bizarre (un ¶); il fait partie d'un des cinq caractères non imprimables de Word 97. Ce caractère indique tout simplement une fin de paragraphe. Chaque
fois que vous appuyez sur la touche *Return*, Word 97
insère ce caractère spécial pour indiquer la fin de paragraphe. Bien entendu, ce symbole ne sera pas imprimé et est présent uniquement pour un confort vi-
suel. La procédure suivante fournit les étapes pour
faire apparaître ou disparaître ce caractère spécial.

Pour afficher les caractères non imprimables

1. Exécutez la commande *Outils/Options*. Word 97 affiche la boîte
   de dialogue *Options*.

2. Cliquez sur l'onglet *Affichage*.

3. Cochez la case *Marques de paragraphes* ou cliquez sur cette même
   case pour enlever la coche puis cliquez sur le bouton *OK*.

4. Si vous voulez faire apparaître ou disparaître tous les caractères
   non imprimables, cliquez sur la case *Tous* pour faire apparaître ou
   disparaître la coche.

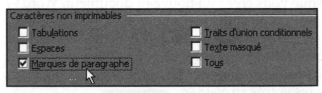

*Figure 3.2 : l'onglet Affichage de la boîte de dialogue
Options permet de faire apparaître ou disparaître tous les
caractères non imprimables.*

5. Pour plus de facilité, vous pouvez utiliser l'icône *Afficher/Masquer* ¶ de la barre d'outils *Standard*.

Pour illustrer la frappe d'un texte au kilomètre, examinez l'exemple de la figure 3.4 où le texte est complètement terminé, mis en forme et prêt à être imprimé. Consultez ensuite la figure 3.3 où ce même texte est introduit sur la page au kilomètre.

Pour réaliser ce texte, suivez les étapes indiquées dans la procédure ci-après.

Pour saisir le texte au kilomètre

1. Chargez le traitement de texte Word 97 en mémoire centrale.

2. Une page vierge doit être affichée à l'écran. Si ce n'est pas le cas, cliquez sur l'icône *Nouveau* de la barre d'outils *Standard*.

3. Un curseur clignotant doit également apparaître en haut et à gauche de la feuille. Il indique la position d'insertion des caractères entrés au clavier.

4. Entrez la première ligne de la lettre et appuyez sur la touche *Return* après avoir entré la dernière lettre (le *S*). Word 97 ajoute automatiquement un symbole de fin de paragraphe et déplace le curseur sur la ligne suivante. Remarquez que le numéro de ligne dans la barre d'état a changé.

5. Introduisez la deuxième ligne de la lettre et validez la fin en appuyant sur la touche *Return*.

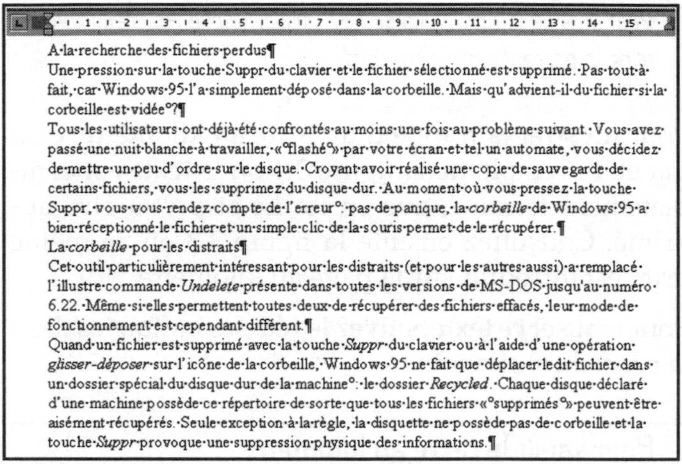

A la recherche des fichiers perdus¶
Une pression sur la touche Suppr du clavier et le fichier sélectionné est supprimé. Pas tout à fait, car Windows 95 l'a simplement déposé dans la corbeille. Mais qu'advient-il du fichier si la corbeille est vidée°?¶
Tous les utilisateurs ont déjà été confrontés au moins une fois au problème suivant. Vous avez passé une nuit blanche à travailler, « flashé » par votre écran et tel un automate, vous décidez de mettre un peu d'ordre sur le disque. Croyant avoir réalisé une copie de sauvegarde de certains fichiers, vous les supprimez du disque dur. Au moment où vous pressez la touche Suppr, vous vous rendez compte de l'erreur° : pas de panique, la *corbeille* de Windows 95 a bien réceptionné le fichier et un simple clic de la souris permet de le récupérer.¶
La *corbeille* pour les distraits¶
Cet outil particulièrement intéressant pour les distraits (et pour les autres aussi) a remplacé l'illustre commande *Undelete* présente dans toutes les versions de MS-DOS jusqu'au numéro 6.22. Même si elles permettent toutes deux de récupérer des fichiers effacés, leur mode de fonctionnement est cependant différent.¶
Quand un fichier est supprimé avec la touche *Suppr* du clavier ou à l'aide d'une opération *glisser-déposer* sur l'icône de la corbeille, Windows 95 ne fait que déplacer ledit fichier dans un dossier spécial du disque dur de la machine° : le dossier *Recycled*. Chaque disque déclaré d'une machine possède ce répertoire de sorte que tous les fichiers « supprimés » peuvent être aisément récupérés. Seule exception à la règle, la disquette ne possède pas de corbeille et la touche *Suppr* provoque une suppression physique des informations.¶

Figure 3.3 : le texte est saisi au kilomètre sans aucune mise en forme.

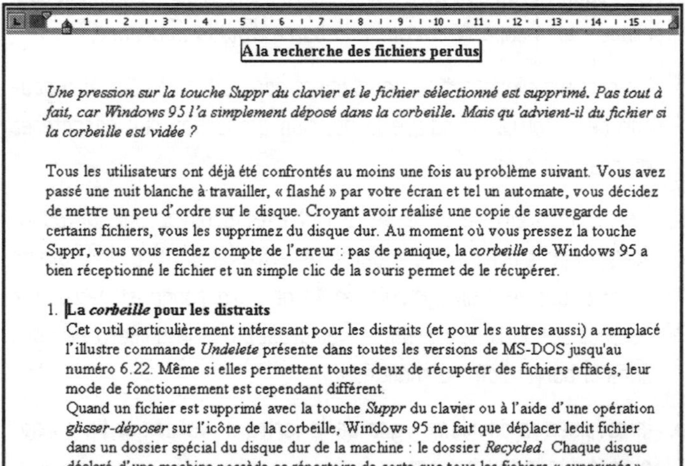

A la recherche des fichiers perdus

Une pression sur la touche Suppr du clavier et le fichier sélectionné est supprimé. Pas tout à fait, car Windows 95 l'a simplement déposé dans la corbeille. Mais qu'advient-il du fichier si la corbeille est vidée ?

Tous les utilisateurs ont déjà été confrontés au moins une fois au problème suivant. Vous avez passé une nuit blanche à travailler, « flashé » par votre écran et tel un automate, vous décidez de mettre un peu d'ordre sur le disque. Croyant avoir réalisé une copie de sauvegarde de certains fichiers, vous les supprimez du disque dur. Au moment où vous pressez la touche Suppr, vous vous rendez compte de l'erreur : pas de panique, la *corbeille* de Windows 95 a bien réceptionné le fichier et un simple clic de la souris permet de le récupérer.

1. **La *corbeille* pour les distraits**
   Cet outil particulièrement intéressant pour les distraits (et pour les autres aussi) a remplacé l'illustre commande *Undelete* présente dans toutes les versions de MS-DOS jusqu'au numéro 6.22. Même si elles permettent toutes deux de récupérer des fichiers effacés, leur mode de fonctionnement est cependant différent.
   Quand un fichier est supprimé avec la touche *Suppr* du clavier ou à l'aide d'une opération *glisser-déposer* sur l'icône de la corbeille, Windows 95 ne fait que déplacer ledit fichier dans un dossier spécial du disque dur de la machine : le dossier *Recycled*. Chaque disque déclaré d'une machine possède ce répertoire de sorte que tous les fichiers « supprimés » peuvent être aisément récupérés. Seule exception à la règle, la disquette ne possède pas de

Figure 3.4 : le même texte mis en forme.

6. Répétez ces opérations pour l'ensemble des lignes. Prenez toujours comme exemple la figure 3.3 et non la figure 3.4. N'essayez pas d'ajouter des lignes vides pour l'instant !

NOTES

La lettre étant assez longue, à un moment donné, Word 97 ne peut plus afficher l'ensemble des lignes du texte. Pour y remédier, il déplace le contenu de la page verticalement et vers le haut pour que le curseur soit toujours bien visible. Bien entendu, les premières lignes de la lettre deviennent invisibles. Pas de panique, elles sont toujours enregistrées et il suffit de déplacer la barre de défilement verticale pour retrouver le début du texte. Nous y reviendrons dans le paragraphe 4.1 consacré à la navigation dans un document.

En cas de faute de frappe, vous pouvez tout de suite utiliser la touche *Ret. Arr.* du clavier pour supprimer le caractère fautif et le saisir à nouveau. Attention, cette touche supprime le caractère situé à gauche du curseur uniquement. Si vous avez déjà tapé d'autres caractères depuis la faute, il vous faudra les supprimer tous avant d'atteindre l'élément à corriger. Si vous avez introduit plusieurs mots, il n'est pas indiqué d'utiliser la touche *Ret. Arr.* Lisez le paragraphe 4.1 pour retrouver d'autres raccourcis clavier permettant de déplacer rapidement le curseur sur un mot précis.

Le mode *Correction automatique* est un outil très utile dans Word 97 ; il permet de modifier automatiquement certaines erreurs dans le texte pendant la saisie. Si vous entrez par erreur le pronom relatif " quio ", Word 97 est capable de le corriger dès que vous tapez l'espace le séparant du mot suivant. Cette fonctionnalité peut surprendre la première fois et dans certaines occasions, il peut être utile de désactiver la correction automatique des mots. Suivez la procédure indiquée ci-après pour désactiver ce mode particulier.

Pour désactiver le mode *Correction automatique*

1. Exécutez la commande *Outils/Correction automatique* pour que Word 97 affiche la boîte de dialogue de gestion de ce mode (voir la figure 3.5).

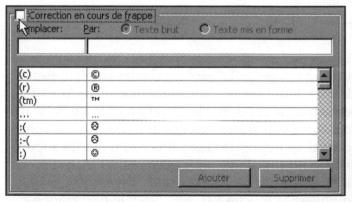

Figure 3.5 : la boîte de dialogue Correction automatique gère les options de remplacement de mots erronés.

2. Cliquez sur la case *Correction en cours de frappe* pour enlever la coche.

3. Pour que Word 97 n'introduise pas automatiquement une majuscule en début de phrase (si vous l'oubliez), cliquez sur la case *Majuscule en début de phrase*.

4. Validez l'opération en cliquant sur le bouton *OK*.

NOTE SUR L'INSERTION AUTOMATIQUE

Word 97 permet d'associer un raccourci à un mot, une phrase ou un bloc de texte. Il suffit d'introduire le raccourci et d'appuyer sur une touche du clavier (*F3*) pour voir s'afficher le mot, la phrase ou le bloc de texte. Cette technique permet d'éviter la saisie de mots difficiles à dactylographier ou de formules de politesse qui reviennent souvent dans une lettre. L'association du raccourci au mot s'effectue via la commande *Insertion/Insertion automatique/Insertion automatique* ou en appuyant sur la combinaison de touches *Alt+F3*. Word 97 affiche la boîte de dialogue *Créer une insertion automatique* dans la quelle il sufft d'entrer le raccourci et de valider en cliquant sur le bouton *OK*. Attention, pour faire apparaître la boîte de dialogue, il est nécessaire de sélectionner le mot, la phrase ou le bloc de texte au préalable.

Dans le document, tapez le raccourci et appuyez sur la touche *F3* pour le remplacer par le mot, la phrase ou le bloc de texte.

3.3. Sauver le document

Tant que le document n'a pas été sauvé sur le disque, le texte saisi sur la page vierge risque d'être perdu. Une coupure de courant ou une opération malencontreuse aboutit généralement à l'anéantissement total du travail effectué. Pour cette raison, il est préférable de sauver régulièrement le document lors de sa saisie.

Il existe plusieurs méthodes pour sauver un document, la plus simple et la plus rapide consiste à utiliser l'icône *Enregistrer* de la barre d'outils *Standard* ou le raccourci clavier *Ctrl+S*.

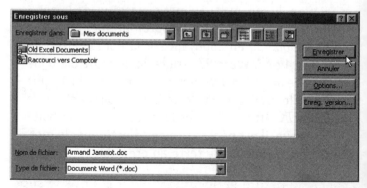

Figure 3.6 : la boîte de dialogue Enregistrer sous permet de sauver le document sur le disque dur de la machine.

Première sauvegarde du document

Par défaut, Word 97 attribue le nom *Documentx* à tous les nouveaux documents créés ; *x* représente un chiffre et correspond toujours à l'ordre de création du document. Le premier document créé lors d'une session du traitement de texte sera le numéro 1, le deuxième sera le numéro 2 et ainsi de suite.

Bien entendu, vous avez tout intérêt à donner un nom plus parlant à chacun des documents créés.

La toute première sauvegarde fait apparaître une boîte de dialogue permettant d'introduire le nom du document.

Pour sauver le document pour la première fois

1. Cliquez sur l'icône *Enregistrer* de la barre d'outils *Standard* ou appuyez sur les touches *Ctrl+S* ou encore, exécutez la commande *Fichier/Enregistrer*. Word 97 fait apparaître la boîte de dialogue *Enregistrer sous* comme indiqué sur la figure 3.6.

2. Entrez un nom dans la zone de saisie *Nom de fichier*.

3. Validez la sauvegarde en cliquant sur le bouton *Enregistrer* ou en appuyant simplement sur la touche *Return*.

La saisie au kilomètre de la lettre est maintenant sauvegardée sur le disque dur ; il n'y a plus aucune chance de perdre le document (sauf si vous le supprimez !).

Sauvegardes ultérieures du document

Maintenant qu'un nom a été attribué au document, la prochaine sauvegarde ne fera plus apparaître la boîte de dialogue *Enregistrer sous*. En cliquant simplement sur l'icône *Enregistrer*, le travail est sauvé.

NOTE

Chaque fois que vous effectuez des modifications importantes dans un document, sauvez-le au moyen du raccourci *Ctrl+S*.

Sauver dans un autre dossier

Par défaut, Word 97 sauvegarde tous les documents dans un dossier d'installation appelé *Mes documents*. Vous pouvez décider de garder ce dossier et simplement entrer un nom pour le document à sauver. Si vous gérez vos documents dans un autre dossier (*Lettres* par exemple), il faut explicitement l'indiquer au moment de la sauvegarde.

Pour sauver un document dans un autre dossier

1. Cliquez sur l'icône *Enregistrer* de la barre d'outils *Standard*. Word 97 fait apparaître la boîte de dialogue *Enregistrer sous*. Dans la zone *Enregistrer dans*, vous devez voir apparaître *Mes documents* avec les noms de fichiers correspondant dans la fenêtre.

2. Cliquez sur l'icône *Dossier parent* pour que Word 97 affiche tous les noms de fichiers et dossiers du dossier principal de l'unité de disque.

3. Dans la fenêtre, double-cliquez sur l'icône représentant le dossier *Lettres*. Word 97 modifie automatiquement la zone *Enregistrer dans* en *Lettres*.

4. Entrez un nom pour le document à sauver dans la zone de saisie *Nom de fichier*.

5. Validez l'opération en cliquant sur le bouton *Enregistrer* ou en appuyant sur la touche *Return*.

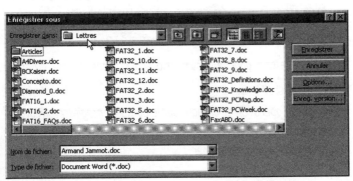

Figure 3.7 : changement de dossier pour la sauvegarde d'un document.

Sauver un document sur une disquette

La sauvegarde d'un document sur une disquette se réalise en choisissant une unité différente (l'unité A: dans ce cas précis) grâce au menu déroulant *Enregis-*

trer <u>dans</u> ou simplement en préfixant le nom du document des symboles *A:* dans la zone de saisie *<u>Nom</u> de fichier*.

Pour sauver sur disquette

1. Insérez une disquette pour la sauvegarde du document dans le lecteur A:.

2. Cliquez sur l'icône *Enregistrer* de la barre d'outils *Standard*. Word 97 fait apparaître la boîte de dialogue *Enregistrer sous*.

3. Cliquez sur la flèche du menu déroulant *Enregistrer <u>dans</u>* pour faire apparaître les différentes options (voir la figure 3.8).

4. Choisissez l'unité A: intitulée *Disquette 3 1/2 (A:)* sur la figure 3.8.

5. Entrez le nom pour le document à sauver dans la zone de saisie *<u>Nom</u> de fichier*.

6. Validez l'opération en cliquant sur le bouton *<u>E</u>nregistrer*. Word 97 enregistre le document sur la disquette, vous pouvez apercevoir la lumière du lecteur s'allumer.

Vous pouvez réaliser cette opération plus rapidement de la manière suivante :

1. Insérez une disquette dans le lecteur A:.

2. Cliquez sur l'icône *Enregistrer* de la barre d'outils *Standard*. Word 97 fait apparaître la boîte de dialogue *Enregistrer sous*.

3. Dans la zone de saisie *<u>Nom</u> de fichier*, entrez le nom du document préfixé des symboles *A:*.

4. Validez l'opération de sauvegarde en cliquant sur le bouton *Enregistrer*.

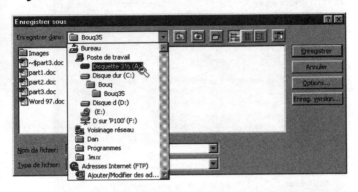

Figure 3.8 : changement d'unité dans la boîte de dialogue Enregistrer sous.

Automatisation de la sauvegarde

Lors de la saisie d'un document et, d'une manière générale, lorsque vous effectuez des modifications dans un texte, vous avez tout intérêt à sauvegarder régulièrement votre travail. Word 97 peut se charger d'une sauvegarde automatique à intervalles de temps réguliers. La boîte de dialogue *Options* détermine toutes les options d'enregistrement et notamment celles pour la sauvegarde automatique.

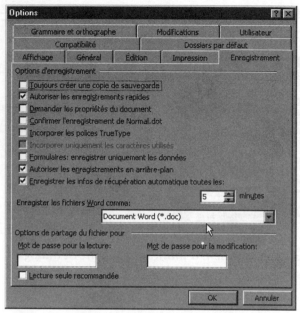

Figure 3.9 : les options d'enregistrement disponibles dans la boîte Options.

Pour l'enregistrement automatique toutes les 5 minutes

1. Exécutez la commande *Outils/Options* pour faire apparaître la boîte de dialogue *Options*.

2. Cliquez sur l'onglet *Enregistrement* pour faire apparaître toutes les options de sauvegarde des documents (voir la figure 3.9).

3. Cochez la case *Enregistrer les infos de récupération automatique toutes les* en cliquant dessus et entrez une valeur dans l'option *minutes*.

4. Validez l'opération en cliquant sur le bouton *OK*.

Où se trouve le document Word ?

Quand vous sauvez un document pour la première fois, Word 97 stocke automatiquement le fichier correspondant (contenant le texte entré) dans le répertoire désigné et lui ajoute l'extension *.doc*. A tout moment, vous pouvez visualiser ce fichier par l'intermédiaire de l'*explorateur* de Windows 95. La procédure suivante suppose que le répertoire de stockage des documents est *Lettres*.

Pour visualiser les documents

1. Ouvrez l'explorateur de Windows 95 en exécutant la commande *Démarrer/Programmes/Explorateur Windows*. Windows affiche l'outil de gestion des fichiers comme indiqué sur la figure 3.10.

2. Dans la colonne de gauche, cliquez sur le dossier *Lettres* pour examiner son contenu ; vous apercevez le document.

Créer une copie d'un document

Pour garder intact l'original d'un document, vous pouvez créer une copie du fichier correspondant. La copie est équivalente au document mais possède un autre nom. C'est avec une commande de sauvegarde que vous pouvez créer cette copie, simplement en sauvant le document sous un autre nom.

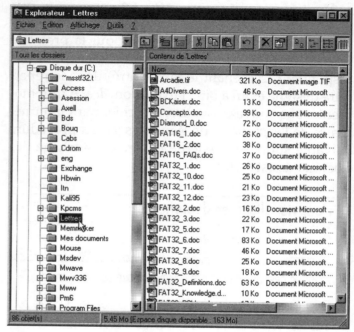

Figure 3.10 : examen du contenu du dossier Lettres avec l'explorateur de Windows.

Pour créer une copie d'un document

1. Exécutez la commande *Fichier/Enregistrer sous*. Word 97 affiche la boîte de dialogue *Enregistrer sous*.

2. Par défaut, le traitement de texte affiche le nom du document dans la zone de saisie *Nom de fichier*. Remarquez que ce nom est placé en vidéo inverse (couleur inversée).

3. Entrez directement le nouveau nom dans cette zone. Le nom étant en vidéo inverse, le simple fait d'entrer un nouveau nom remplace automatiquement l'ancien nom.

4. Validez la saisie en cliquant sur le bouton *Enregistrer*. La copie du document est ainsi réalisée.

NOTE

Dès que vous créez une copie, le document actif (c'est-à-dire le document dans lequel vous travaillez) devient la copie. Lisez le paragraphe suivant pour savoir comment fermer un document.

3.4. Fermer un document

Une fois le travail de saisie au kilomètre du document terminé, vous pouvez fermer le document et vous reposer. Fermer un document consiste à le supprimer de l'écran. Bien entendu, il reste sauvé sur le disque et vous pouvez le rappeler à tout moment.

La procédure indiquée ci-après permet de fermer le document affiché à l'écran.

Pour fermer un document

1. Exécutez la commande *Fichier/Fermer*.

2. Si aucune modification n'a été effectuée sur le document depuis la dernière sauvegarde, le document est automatiquement supprimé de l'écran mais reste sauvé sur le disque dur de la machine (voir le paragraphe 3.5. pour savoir comment charger rapidement ce document à l'écran).

3. Si des modifications ont été effectuées depuis la dernière sauvegarde, Word 97 ne ferme pas tout de suite le document mais affiche une fenêtre d'avertissement (voir la figure 3.11). Celle-ci vous permet de sauver les modifications, de ne pas les sauver ou d'annuler l'opération de fermeture du document.

4. Cliquez sur le bouton *Oui* pour sauver les modifications et fermer le document.

5. Cliquez sur le bouton *Non* pour ne pas sauver les modifications et fermer le document.

6. Cliquez sur le bouton *Annuler* pour annuler l'opération de fermeture du document. Celui-ci reste affiché à l'écran mais attention, les modifications ne sont pas sauvées pour autant.

Figure 3.11 : la fenêtre d'avertissement s'affiche si vous tentez de fermer le document sans le sauver.

NOTE

Il existe deux autres méthodes (plus rapides) pour fermer un document :

1. Appuyez sur les touches *Ctrl+F4* du clavier. Comme pour la commande *Fermer*, Word 97 affiche un message d'avertissement si des modifications n'ont pas été sauvées.

2. Cliquez sur le bouton de fermeture de la fenêtre du document. Ne confondez pas avec le bouton de fermeture de l'application Word 97 (voir la figure 3.12).

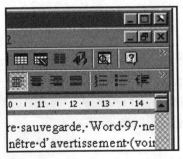

Figure 3.12 : le bouton de fermeture de la fenêtre du document permet de fermer ce dernier, alors que le bouton de fermeture de l'application a pour effet de quitter le traitement de texte.

3.5. Charger un document

L'intérêt d'un traitement de texte est certainement la possibilité de sauver un document et de le rappeler très rapidement. Tous les documents stockés sur le disque dur de la machine peuvent être chargés en mémoire et visualisés à l'aide d'une commande. Une fois affiché, vous pouvez y effectuer toutes les modifications souhaitées, l'imprimer, le sauver et le fermer à nouveau.

Pour charger un document

1. Exécutez la commande *Fichier/Ouvrir* pour que Word 97 affiche la boîte de dialogue *Ouvrir* (voir la figure 3.13).

2. Dans la boîte de dialogue, cliquez simplement sur le fichier à charger.

3. Cliquez sur le bouton *Ouvrir* pour afficher le document à l'écran.

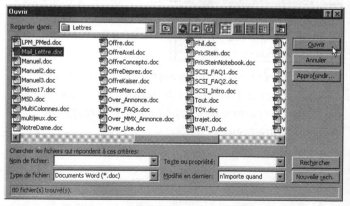

Figure 3.13 : la boîte Ouvrir permet d'afficher n'importe quel document sauvé sur le disque dur de la machine.

4. Pour plus de rapidité, double-cliquez directement sur le nom du fichier, Word 97 chargera directement le document en mémoire.

NOTE

Il existe deux raccourcis pour afficher très rapidement la boîte de dialogue *Ouvrir*.

1. Cliquez sur l'icône *Ouvrir* de la barre d'outils *Standard*.

2. Appuyez sur les touches *Ctrl+O*

Dans la boîte de dialogue *Ouvrir*, Word 97 affiche toujours les noms de documents du répertoire par défaut. Celui-ci est normalement *Mes documents* mais il est possible d'afficher les documents d'autres dossiers.

Pour ce faire, utilisez l'icône *Dossier parent* pour remonter au dossier supérieur ou cliquez sur le menu déroulant *Regarder dans*.

Définir un répertoire par défaut

Si vous décidez de sauver tous les documents dans un autre dossier que *Mes documents* (celui choisi par défaut par Word 97), il peut être intéressant de le spécifier au traitement de texte, de façon à ne plus utiliser le menu *Regarder dans* pour se positionner dans le dossier voulu.

La procédure indiquée ci-après permet de définir un dossier par défaut pour le stockage et le chargement des fichiers. Après avoir défini ce dossier particulier, les commandes de sauvegarde et d'ouverture de documents provoqueront l'affichage des boîtes de dialogue (*Enregistrer sous* et *Ouvrir*) dans lesquelles les fichiers affichés correspondront à ceux du dossier par défaut.

La procédure suivante permet de définir le dossier *Lettres* comme dossier par défaut. Après exécution de la commande *Fichier/Ouvrir*, Word 97 affiche la boîte de dialogue *Ouvrir* avec les noms des documents stockés dans le répertoire *Lettres*.

Pour définir un répertoire par défaut

1. Exécutez la commande *Outils/Options*. Word 97 affiche la boîte de dialogue *Options*.

2. Cliquez sur l'onglet *Dossiers par défaut* (voir la figure 3.14).

3. Cliquez sur la ligne *Documents* dans la colonne *Types de fichiers*.

4. Cliquez sur le bouton *Changer* pour afficher la boîte de dialogue *Changer de dossier*.

5. Choisissez le nouveau dossier en cliquant sur le bouton *Dossier parent* ou en choisissant l'unité dans le menu déroulant *Regarder dans*.

6. Pour changer le dossier par défaut de *Mes documents* en *Lettres*: cliquez sur le bouton *Dossier parent* pour afficher l'ensemble des

dossiers de l'unité courante. Double-cliquez ensuite sur le dossier *Lettres*.

7. Lorsque le nouveau dossier par défaut est choisi, cliquez sur le bouton *OK* pour valider l'opération et faire disparaître la boîte de dialogue *Changer de dossier*.

8. Cliquez sur le bouton *Fermer* de la boîte de dialogue *Options* pour revenir à l'écran de Word 97.

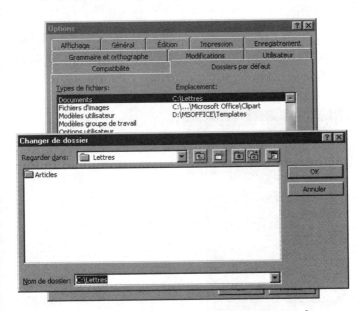

Figure 3.14 : l'option Dossiers par défaut permet de choisir un nouveau dossier pour le chargement et la sauvegarde des documents.

Accès aux derniers documents chargés

Word 97 retient les derniers documents chargés et affichés à l'écran, de sorte qu'il est possible de les rappeler rapidement. Pour cela, il suffit de cliquer sur le menu *Fichier* et de choisir le nom du document à charger dans la liste proposée juste au-dessus de la commande *Quitter*. Si aucun document n'est visible, c'est que vous utilisez le traitement de texte pour la première fois.

Dans l'exemple de la figure 3.15, le fichier *Part3.doc* a été le dernier document sur lequel l'utilisateur a travaillé.

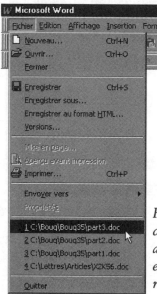

Figure 3.15 : Word 97 retient les derniers documents chargés et affichés à l'écran, de sorte qu'il est possible de les rappeler très rapidement.

Pour l'afficher rapidement, cliquez simplement sur le nom : dans ce cas précis, il n'est pas nécessaire de passer par la boîte de dialogue *Ouvrir*. Bien entendu, cette méthode ne s'applique qu'à des documents sur lesquels vous avez déjà travaillé.

Charger un document via l'explorateur

La dernière méthode pour charger un document en mémoire centrale et l'afficher dans Word 97 consiste à passer par l'explorateur de Word 97. Cette méthode n'a de sens que si le traitement de texte n'est pas encore chargé en mémoire centrale.

Windows 95 est tout à fait capable de reconnaître le type d'un fichier et de lancer automatiquement l'application dont il est issu lorsque vous double-cliquez sur le nom de ce fichier. Si vous effectuez cette opération sur un fichier dont l'extension est *.doc*, Windows 95 exécutera automatiquement Word 97 et affichera le texte correspondant à ce fichier.

Pour charger un fichier via l'explorateur

1. Ouvrez l'explorateur de Windows 95 en exécutant la commande *Démarrer/Programmes/Explorateur Windows*.

2. Double-cliquez sur le dossier *Lettres* pour afficher les documents Word.

3. Double-cliquez sur le nom de fichier à charger. Après quelques instants, le traitement de texte est affiché à l'écran ainsi que le document.

NOTE

L'extension .doc est associée à un fichier créé avec Word. Cependant, il existe plusieurs versions différentes du traitement de texte. Par ordre chronologique, du plus ancien au plus récent : Word version 2.0 - Word version 6.0 - Word version 7.0 (ou version Windows 95) - Word 97. La dernière version (Word 97) est tout à fait capable de charger les documents créés avec des versions plus anciennes. Lors de la sauvegarde, le traitement de texte signalera simplement que le format du document correspond à un format plus ancien et il demandera si le texte doit être sauvé au format Word 97.

Charger plusieurs documents

Word 97 est tout à fait capable de charger plusieurs documents en mémoire de sorte qu'il est possible de les visualiser simultanément. En fait, tant que le traitement de texte a assez de mémoire centrale, il permet de charger des documents.

La procédure d'ouverture d'un texte doit être répétée pour chacun des fichiers à charger. Bien entendu, dès qu'une fenêtre document est affichée à l'écran, elle recouvre la fenêtre précédente qui devient invisible. La dernière fenêtre chargée correspond au docu-

ment actif ; celui dans lequel se trouve le curscur clignotant.

Lorsque plusieurs documents sont chargés en mémoire centrale, vous pouvez basculer de l'un vers
l'autre très rapidement :

1. Exécutez la commande *Fenêtre* et choisissez le document dans la
   liste proposée (chiffres 1, 2, etc.). Dans l'exemple de la figure
   3.16, trois documents sont chargés en mémoire centrale. Le fichier *CV.doc* est le document actif (remarquez la coche précédant
   le nom) et pour afficher *LettreAnne.doc*, il suffit de cliquer sur le
   nom correspondant.

2. Utilisez *Ctrl+F6* ou *Ctrl+l^laj+F6* pour passer rapidement d'un
   document à l'autre. En appuyant sur *Ctrl+F6* une première fois,
   LettreAnne s'affichera. En appuyant sur *Ctrl+F6* une deuxième
   fois, *Mémo17.doc* s'affichera. En appuyant une troisième fois sur
   Ctrl+F6, le curriculum vitae (*CV.doc*) s'affichera à nouveau.

*Figure 3.16 : trois
documents sont
chargés en mémoire
centrale, CV.doc (le
document actif),
LettreAnne.doc et
Mémo17.doc.*

Afficher plusieurs documents à l'écran

Charger plusieurs documents en mémoire centrale ne signifie pas les visualiser tous à l'écran. Comme indiqué plus haut, Word 97 recouvre la fenêtre du document précédent chaque fois qu'il charge un nouveau fichier.

Une commande offre la possibilité de visualiser deux ou trois documents simultanément : en afficher plus ne sert à rien sauf si vous possédez un écran 17, 20 ou 21 pouces.

Pour afficher plusieurs documents simultanément

1. Chargez les deux documents en mémoire centrale à l'aide de la commande *Fichier/Ouvrir*.

2. Exécutez la commande *Fenêtre/Réorganiser tout*. Word 97 affiche directement les deux documents dans la fenêtre principale de l'application (voir la figure 3.17).

3. Les touches *Ctrl+F6* ou un clic de la souris peuvent être utilisées pour positionner rapidement le curseur clignotant d'une fenêtre document à l'autre.

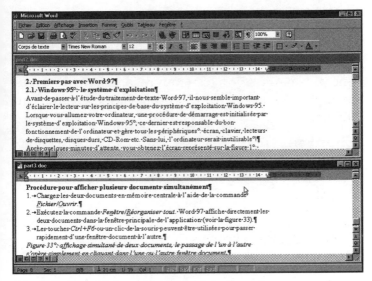

Figure 3.17 : affichage simultané de deux documents, le passage de l'un à l'autre s'opère simplement en cliquant dans l'une ou l'autre fenêtre document.

Navigation et édition

4.1. Naviguer dans le document

Une fois le texte saisi au kilomètre, il est vraisemblable que quelques fautes de frappes s'y soit glissées à votre insu. La première chose à faire est donc de le relire calmement en commençant par la première ligne. La relecture passe inévitablement par le déplacement du curseur sur toute la longueur du texte : on appelle cette opération, la navigation dans le document.

Naviguer s'effectue aisément soit avec la souris, soit au moyen des touches du clavier. Ce qui est visible à l'écran n'est qu'une partie du document et grâce aux touches du clavier, vous pourrez vous déplacer au début du texte, à la fin ou à un endroit précis.

Naviguer avec les touches du clavier

Le tableau ci-dessous résume les principaux raccourcis clavier utiles pour déplacer le curseur à un endroit précis dans le document.

Pour déplacer le curseur vers	Appuyez sur les touches
le caractère suivant	*flèche droite*
le caractère précédent	*flèche gauche*
le mot suivant	*Ctrl+flèche droite*
le mot précédent	*Ctrl+flèche gauche*
le dernier caractère de la ligne	*Fin*
le premier caractère de la ligne	*Début*
la ligne suivante	*flèche bas*
la ligne précédente	*flèche haut*
le premier caractère du paragraphe suivant	*Ctrl+flèche bas*

le premier caractère du paragraphe courant	*Ctrl+flèche haut*
le premier caractère de la page suivante	*Ctrl+Pg Sv*
le premier caractère de la page précédente	*Ctrl+Pg Préc*
le premier caractère de la fenêtre suivante	*Pg Sv*
le premier caractère de la fenêtre précédente	*Pg Préc*
le premier caractère de la fenêtre	*Alt+Ctrl+Pg Préc*
le dernier caractère de la fenêtre	*Alt+Ctrl+Pg Sv*
le premier caractère du texte	*Ctrl+Début*
le dernier caractère du texte	*Ctrl+Fin*
à son emplacement précédent	*Maj+F5*

Naviguer avec la souris

Bien entendu, il est tout à fait possible de déplacer le curseur à n'importe quel endroit du texte en cliquant simplement au moyen de la souris. Cette opération déplace automatiquement le curseur à l'endroit du pointage.

Les possesseurs d'une souris *IntelliMouse* bénéficient de quelques facilités supplémentaires. C'est ainsi qu'ils peuvent faire défiler le document vers le haut ou vers le bas en faisant tourner la roulette de la souris vers l'avant ou vers l'arrière. Le défilement peut s'accélérer si, en maintenant le bouton de la roulette enfoncé, le pointeur est déplacé au-dessus ou en dessous du point d'origine. Plus le pointeur est éloigné, plus le défilement est rapide.

Le défilement vers le bas (ou vers le haut) est automatique lorsque vous cliquez sur le bouton de la roulette et que le pointeur est placé au-dessus (ou en dessous) du point d'origine de la barre de défilement verticale. Pour arrêter le défilement automatique, il suffit de cliquer sur n'importe quel bouton de la souris.

Naviguer avec les barres de défilement

Les barres de défilement horizontales et verticales peuvent également être utilisées pour visualiser des parties du texte invisibles à l'écran. Attention, contrairement à la navigation au moyen des touches du clavier ou au clic de la souris, les barres de défilement ne modifient pas la position du curseur. Le texte défile simplement dans la fenêtre du document (vers le haut ou vers le bas) mais le curseur reste à sa position d'origine tant que vous ne cliquez pas à un autre endroit.

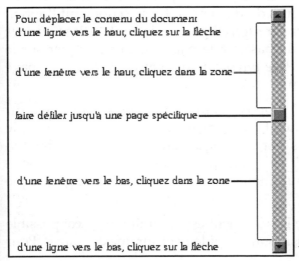

Figure 4.1

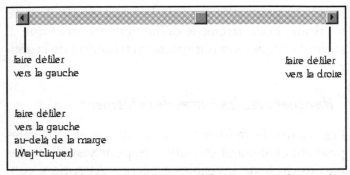

faire défiler
vers la gauche

faire défiler
vers la droite

faire défiler
vers la gauche
au-delà de la marge
(Maj+cliquer)

Figure 4.2 : défilement horizontal du texte (vers la gauche et la droite).

Parcourir le document suivant un objet

En cliquant sur le bouton *Sélectionner l'objet parcouru* (raccourci clavier : *Ctrl+Alt+Début*), Word 97 affiche un menu dans lequel vous pouvez choisir la méthode de parcours du document. En sélectionnant l'option *Parcourir par page*, cliquer sur le bouton *Page suivante* permet de passer à la page suivante, cliquer sur le bouton *Page précédente* permet de passer à la page précédente.

Word 97 propose d'autres méthodes pour parcourir le document : vous pouvez choisir par exemple, le parcours par graphique. En cliquant sur le bouton *Parcourir par graphique*, le traitement de texte positionne automatiquement le curseur sur le graphique suivant.

Lorsque le document est volumineux, il est possible de se positionner rapidement sur une des pages. Pour

Figure 4.3 : différentes options pour le parcours d'un document.

cela, double-cliquez sur le mot *Page* dans la barre d'état, utilisez le raccourci *Ctrl+B* ou exécutez la commande *Edition/Atteindre*. Word 97 affiche la boîte de dialogue *Rechercher et remplacer*. Cliquez sur l'onglet *Atteindre* et entrez le numéro de page voulu dans la zone de saisie *Numéro de la page*. Cliquez sur le bouton *Atteindre* pour que Word 97 positionne le curseur sur la première ligne de la page indiquée

4.2. Sélectionner un mot, un paragraphe

La sélection est nécessaire pour modifier rapidement un mot, un paragraphe ou, d'une manière générale, un bloc de texte. Si vous devez simplement changer un caractère, il n'est pas nécessaire d'utiliser la sélection ; par contre, si vous désirez déplacer ou copier un paragraphe, vous devez obligatoirement passer par la sélection de ce bloc avant d'effectuer l'opération d'édition.

Sélectionner signifie placer en vidéo inverse un bout de phrase ou simplement quelques caractères (voir la figure 4.4). La sélection permet de repérer le texte

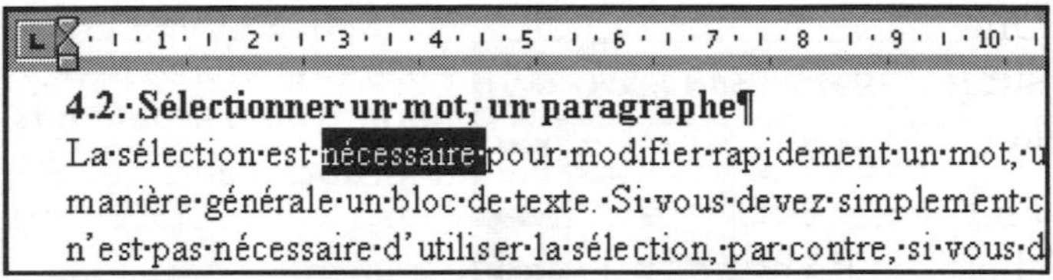

Figure 4.4 : le mot nécessaire est sélectionné, Word 97 le place en vidéo inverse.

sur lequel agira la prochaine commande : édition, déplacement, copie, alignement, changement de police, de taille, etc.

Sélectionner avec la souris

La technique la plus simple consiste à utiliser la souris. Pour sélectionner le mot *nécessaire*, il existe plusieurs méthodes.

Pour sélectionner un mot

1. Cliquez devant le caractère *n* du mot pour y placer le curseur clignotant.

2. Maintenez le bouton gauche de la souris enfoncé et déplacez-la vers la droite après le caractère *e* du mot. Normalement, Word 97 affiche la vidéo inverse sur le mot *nécessaire* au fur et à mesure du déplacement de la souris.

3. Lorsque tout le mot est entièrement sélectionné, relâchez le bouton gauche de la souris.

Une méthode plus rapide consiste à double-cliquer sur le mot *nécessaire*, Word 97 place automatiquement la vidéo inverse pour le sélectionner.

Pour enlever la vidéo inverse (enlever la sélection), cliquez à un autre endroit de la page.

Pour sélectionner une ligne

1. Placez le pointeur de la souris devant le premier mot de la ligne, dans la marge gauche, à une distance telle que la flèche représentant le pointeur de la souris soit dirigée vers la droite (voir la figure 4.5).

2. Cliquez une seule fois pour sélectionner l'ensemble de la ligne.

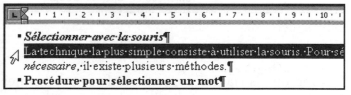

Figure 4.5 : sélection d'une ligne avec la souris.

Word 97 offre quelques facilités pour sélectionner avec la souris, un mot, une ligne, un paragraphe ou le document entier. Le tableau suivant résume les différentes possibilités de sélection avec la souris.

Pour sélectionner	Cliquez
un mot	deux fois sur le mot
un paragraphe	trois fois sur le même mot du paragraphe
un texte	faites glisser la souris sur le texte en maintenant le bouton enfoncé
une ligne	une fois dans la marge gauche
un paragraphe	deux fois dans la marge gauche
le document entier	trois fois dans la marge gauche
plusieurs lignes	une fois dans la marge gauche et déplacez la souris vers le haut
un phrase	n'importe où dans la phrase avec la touche *Ctrl* enfoncée
un bloc de texte	au début du bloc, puis maintenez *Maj* enfoncée et cliquez en fin de bloc
une zone de texte verticale	tout en maintenant la touche *Alt* enfoncée et déplacez la souris

Sélection avec les touches du clavier

Les raccourcis clavier permettant de se positionner rapidement dans le texte, utilisez-les en combinaison avec la touche *Maj* pour étendre une sélection.

- Pour sélectionner le mot suivant la position courante du curseur par exemple, il suffit d'appuyer simultanément sur les touches *Maj+Ctrl+flèche gauche*.

- Pour sélectionner rapidement une ligne de texte, positionnez le curseur en début de ligne avec la touche *Début*, puis appuyez sur les touches *Maj+Fin*.

- Pour étendre la sélection vers le bas (ligne suivante du texte), appuyez sur la touche *Maj* puis une ou plusieurs fois sur la touche *flèche bas*.

Vous pouvez également utiliser la touche *F8* activant le mode *Extension*. De cette manière, il n'est pas nécessaire de maintenir la touche *Maj* enfoncée. Une fois le mode *Extension* activé (la barre d'état affiche le mode *EXT*), utilisez simplement les raccourcis pour étendre la sélection.

- Pour sélectionner un paragraphe avec le mode *Extension*, déplacez le curseur en début de paragraphe, appuyez sur *F8*, puis sur les touches *Ctrl+flèche bas* ; le paragraphe est automatiquement sélectionné.
- Pour annuler le mode *Extension*, il suffit d'appuyer sur la touche *Esc*.

NOTE

Pour une sélection rapide, le mode *Extension* peut également s'utiliser avec la souris. Vous pouvez, par exemple, appuyer sur la touche *F8* puis cliquer avec la souris à l'endroit exact de la fin de la sélection

---

Le tableau ci-après résume les différentes possibilités de sélection avec les touches du clavier.

Pour étendre une sélection	Appuyez sur
d'un caractère à droite	*Maj+flèche droite*
d'un caractère à gauche	*Maj+flèche gauche*
à la fin d'un mot	*Maj+Ctrl+flèche droite*
au début d'un mot	*Maj+Ctrl+flèche gauche*
à la fin d'une ligne	*Maj+Fin*
au début d'une ligne	*Maj+Début*
d'une ligne vers le bas	*Maj+flèche bas*
d'une ligne vers le haut	*Maj+flèche haut*
à la fin d'un paragraphe	*Maj+Ctrl+flèche bas*
au début d'un paragraphe	*Maj+Ctrl+flèche haut*
d'une fenêtre vers le bas	*Maj+Pg Sv*
d'un fenêtre vers le haut	*Maj+Pg Préc*
à la fin d'une fenêtre	*Maj+Alt+Ctrl+Pg Sv*
au début d'un document	*Maj+Ctrl+Début*
au document entier	*Ctrl+A*
à une zone de texte verticale	*Ctrl+Maj+F8*

Le tableau suivant reprend les possibilités du mode *Extension*. Pour rappel, lorsque le mode *Extension* est activé, Word 97 affiche les lettres *EXT* dans la barre d'état. Une fois ce mode activé, il suffit d'utiliser les touches de navigation pour étendre la sélection. Pour annuler le mode *Extension*, il suffit d'appuyer sur la touche *Esc*.

Pour étendre une sélection	Appuyez sur
simple	*F8* une seule fois
au mot courant	*F8* deux fois
au paragraphe courant	*F8* trois fois
au document entier	*F8* quatre fois

NOTE

Quel que soit l'endroit du curseur dans un mot, un double-clic provoque la sélection du mot entier ainsi que de l'espace qui le suit. Par contre, en utilisant le raccourci clavier *Maj+Ctrl+Flèche droite*, le texte est sélectionné à partir du point d'insertion (et uniquement à partir de ce point) jusqu'au début du mot suivant.

4.3. Editer le document

L'édition correspond à la modification d'un caractère, d'un mot, d'une phrase ou d'un bloc de texte. La suppression ou l'insertion de nouveaux mots dans un texte représentent une phase de l'édition. Le déplacement ou la copie de blocs de texte fait également partie de l'édition. Le travail d'édition nécessite toujours une sélection préliminaire du bloc de texte sauf dans le cas où un seul caractère doit être édité.

Corriger un caractère

La correction d'un caractère s'effectue via deux touches du clavier : *Ret. Arr.* et *Suppr*. La première touche supprime le caractère à gauche du curseur tandis que la seconde supprime le caractère à droite du curseur. La touche *Ret. Arr.* peut être utilisée en cours de frappe dès que vous vous rendrez compte d'une erreur. Il suffit alors d'appuyer sur la touche pour supprimer le caractère erroné.

La touche *Suppr.* est utile lors d'une relecture ; il suffit de placer le curseur devant le caractère à corriger, d'appuyer sur la touche pour le supprimer et d'insérer le nouveau caractère.

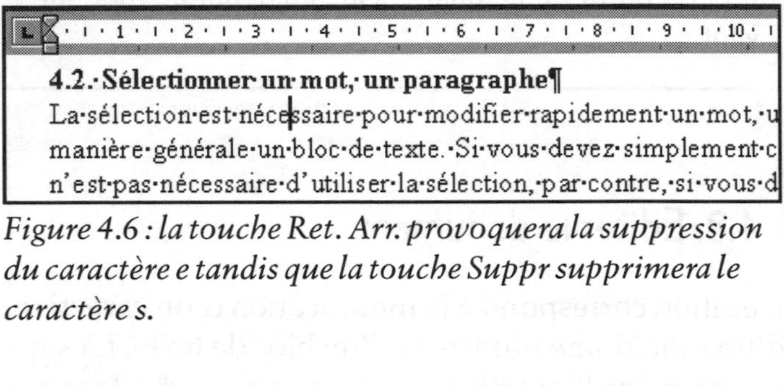

Figure 4.6 : la touche Ret. Arr. provoquera la suppression du caractère e tandis que la touche Suppr supprimera le caractère s.

Supprimer la marque de paragraphe (¶)

Attention, la suppression de la marque de paragraphe provoque des modifications dans la mise en forme de paragraphes. La marque indique une fin de paragraphe et un retour à la ligne. Si elle est supprimée, deux paragraphes distincts n'en forment plus qu'un seul (voir la figure 4.7).

Pour remédier rapidement à cette suppression involontaire et retrouver les deux paragraphes distincts, appuyez sur les touches *Ctrl+Z* pour annuler l'opération de suppression de la marque de paragraphe (voir le paragraphe *Annuler des erreurs*).

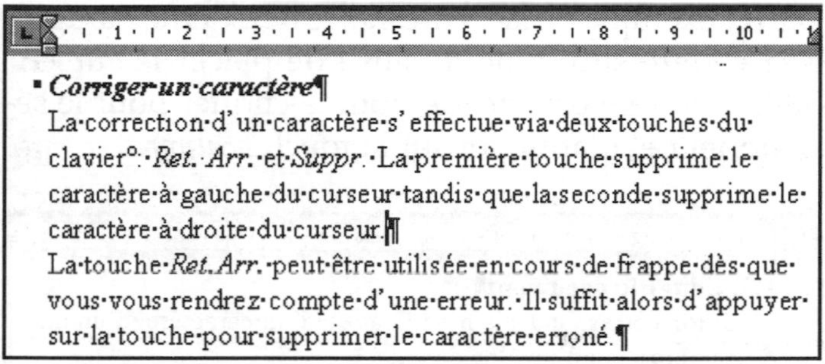

Figure 4.7 : la suppression de la marque de paragraphe entraîne une modification de la mise en forme du texte.

Supprimer un bloc de texte

La suppression d'un bloc de texte s'effectue avec la touche *Suppr*. Cependant, dans ce cas précis, il est absolument nécessaire d'indiquer au traitement de texte le bloc à supprimer. Une fois sélectionné, il peut être purement et simplement enlevé du document par une seule pression de la touche *Suppr*.

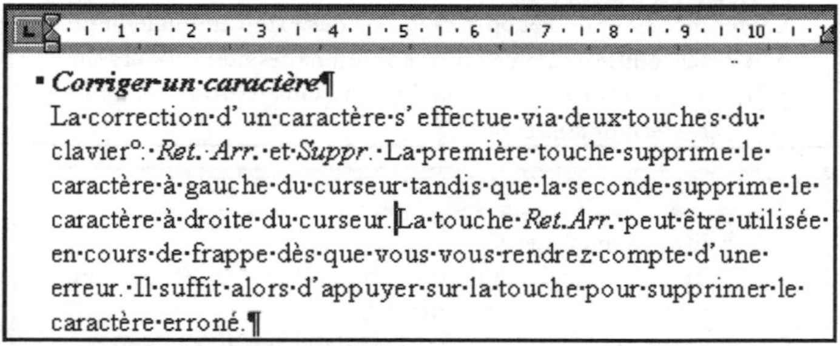

Dans l'exemple de la figure 4.8, le deuxième paragraphe va être supprimé. Il suffit de placer le curseur dans la marge gauche, de double-cliquer pour le sélectionner et d'appuyer sur la touche *Suppr*.

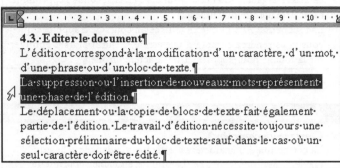

Figure 4.8 : la suppression d'un paragraphe s'effectue en deux phases : sélectionner et appuyer sur la touche Suppr.

Annuler des erreurs

Si vous effectuez une opération par erreur, supprimez un caractère ou plus important, un bloc de texte qui ne devait pas l'être, pensez immédiatement à la commande *Edition/Annuler Frappe*. Cette commande spéciale permet d'annuler la dernière opération effectuée. Par exemple, si vous supprimez un mot, vous pouvez immédiatement le restaurer en exécutant cette commande ou en appuyant sur les touches *Ctrl+Z* (raccourci clavier de la commande).

L'icône *Annuler Frappe* de la barre d'outils *Standard* correspond à un menu déroulant permettant de choisir les dernières commandes à annuler. En effet, Word 97 est capable de retenir toutes les commandes ou opérations effectuées précédemment.

Figure 4.9 : Word 97 retient toutes les commandes ou opérations effectuées précédemment et il est tout à fait possible de les annuler en une seule opération, dans ce cas précis, la commande permet d'annuler les deux opérations précédentes.

Remplacer un bloc de texte

Si vous devez remplacer un mot, une phrase ou plus généralement un bloc de texte, il suffit de sélectionner ce bloc et d'entrer directement le nouveau texte. Word 97 remplace automatiquement le bloc sélectionné dès qu'une touche du clavier est pressée.

Dans l'exemple ci-dessous, la deuxième ligne doit être remplacée par un autre texte. Remarquez que toute la ligne est sélectionnée sauf la marque de paragraphe (¶). Cette opération est nécessaire pour maintenir la séparation entre les deux paragraphes.

```
L   · 1 · 1 · 1 · 2 · 1 · 3 · 1 · 4 · 1 · 5 · 1 · 6 · 1 · 7 · 1 · 8 · 1 · 9 · 1 · 10 · 1 · 1

  4.3.·Editer·le·document¶
  L'édition·correspond·à·la·modification·d'un·caractère,·d'un·mot,·
  d'une·phrase·ou·d'un·bloc·de·texte.¶
  La·suppression·ou·l'insertion·de·nouveaux·mots·dans·un·texte·
  représentent·une·phase·de·l'édition.¶
  Le·déplacement·ou·la·copie·de·blocs·de·texte·fait·également·
  partie·de·l'édition.·Le·travail·d'édition·nécessite·toujours·une·
  sélection·préliminaire·du·bloc·de·texte·sauf·dans·le·cas·où·un·
  seul·caractère·doit·être·édité.¶
```

```
L   · 1 · 1 · 1 · 2 · 1 · 3 · 1 · 4 · 1 · 5 · 1 · 6 · 1 · 7 · 1 · 8 · 1 · 9 · 1 · 10 · 1 · 1

  4.3.·Editer·le·document¶
  L'édition·correspond·à·la·modification·d'un·caractère,·d'un·mot,·
  d'une·phrase·ou·d'un·bloc·de·texte.¶
  Supprimer·ou·insérer¶
  Le·déplacement·ou·la·copie·de·blocs·de·texte·fait·également·
  partie·de·l'édition.·Le·travail·d'édition·nécessite·toujours·une·
  sélection·préliminaire·du·bloc·de·texte·sauf·dans·le·cas·où·un·
  seul·caractère·doit·être·édité.¶
```

Figure 4.10 : le remplacement d'un bloc s'effectue en deux phases: sélectionner puis entrer directement le nouveau texte ; il est inutile d'appuyer sur la touche Suppr pour supprimer le texte sélectionné.

Déplacer un bloc de texte

Le déplacement consiste à prendre un bloc de texte et à le positionner à un autre endroit. Cela veut dire que le bloc est sélectionné, coupé et inséré ailleurs dans le texte ; le bloc original est donc modifié.

Cette opération peut s'effectuer de plusieurs façons différentes. La plus simple et la plus rapide consiste à utiliser le presse-papiers. C'est une zone mémoire mise à la disposition de l'utilisateur dans laquelle Word 97 stocke le dernier objet sélectionné et copié grâce à la commande *Edition/Copier*. Chaque fois que cette commande est exécutée, Word 97 écrase l'objet précédent et stocke le nouvel objet (texte, graphique, tableau, son, etc.) en y respectant le format.

Pour déplacer un bloc de texte

1. Sélectionnez le bloc à déplacer.

2. Exécutez la commande *Edition/Couper* ou plus rapidement, utilisez le raccourci *Ctrl+X*. Word 97 coupe le bloc et l'introduit dans le presse-papiers.

3. Positionnez le curseur à l'endroit d'insertion du bloc de texte.

4. Exécutez la commande *Edition/Coller* ou plus rapidement, utilisez le raccourci *Ctrl+V*. Word 97 insère le bloc coupé précédemment à la position occupée par le curseur.

La deuxième technique est un peu plus délicate car elle nécessite la souris. Elle utilise toujours la sélec-

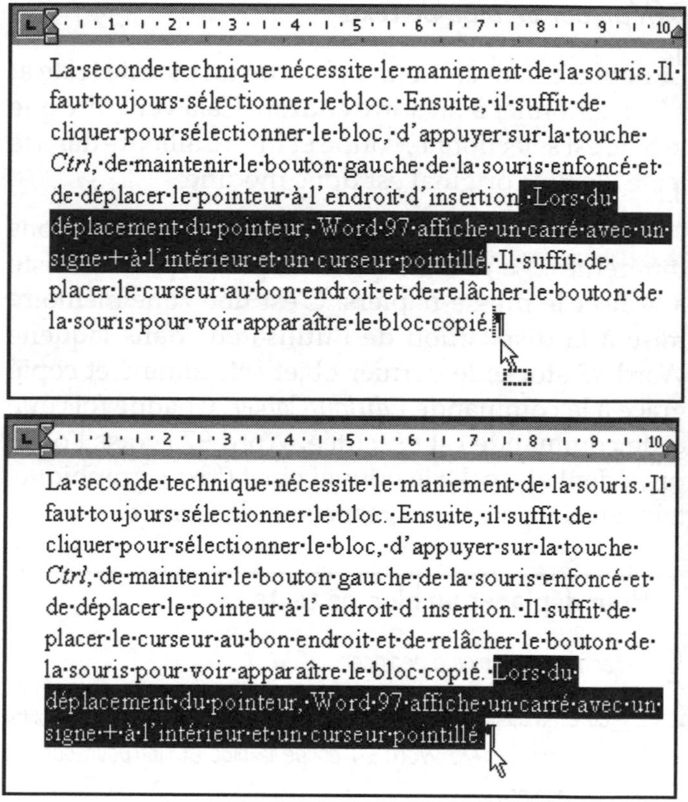

Figure 4.11 : le déplacement avec la souris est un peu plus délicat mais avec l'habitude…

tion du bloc à déplacer mais il faut cliquer, maintenir le bouton gauche de la souris enfoncé et déplacer le pointeur à l'endroit d'insertion. Lors du déplacement du pointeur, Word 97 affiche un carré et un curseur pointillé. Il suffit de placer le curseur au bon endroit et de relâcher le bouton de la souris pour voir apparaître le bloc déplacé. Cette technique est connue sous le doux nom de *glisser-déplacer*.

Copier un bloc de texte

La copie consiste à prendre l'intégralité du bloc de texte et à le copier à un autre endroit dans le document sans modifier l'original. Le texte est donc sélectionné, copié dans le presse-papiers de Windows 95 et inséré ailleurs dans le document.

Comme pour le déplacement, la copie s'effectue de deux manières différentes : avec les touches du clavier ou la souris. La plus simple et la plus rapide consiste à utiliser le raccourci clavier.

Pour copier un bloc de texte

1. Sélectionnez le bloc à copier.

2. Exécutez la commande *Edition/Copier* ou plus rapidement, utilisez le raccourci *Ctrl+C*. Word 97 copie le bloc sélectionné et l'introduit dans le presse-papiers.

3. Positionnez le curseur à l'endroit de copie du bloc de texte.

4. Exécutez la commande *Edition/Coller* ou plus rapidement, utilisez le raccourci *Ctrl+V*. Word 97 insère le bloc à la position occupée par le curseur.

La seconde technique nécessite le maniement de la souris. Il faut toujours sélectionner le bloc. Ensuite, il suffit de cliquer sur le bloc sélectionné, d'appuyer sur

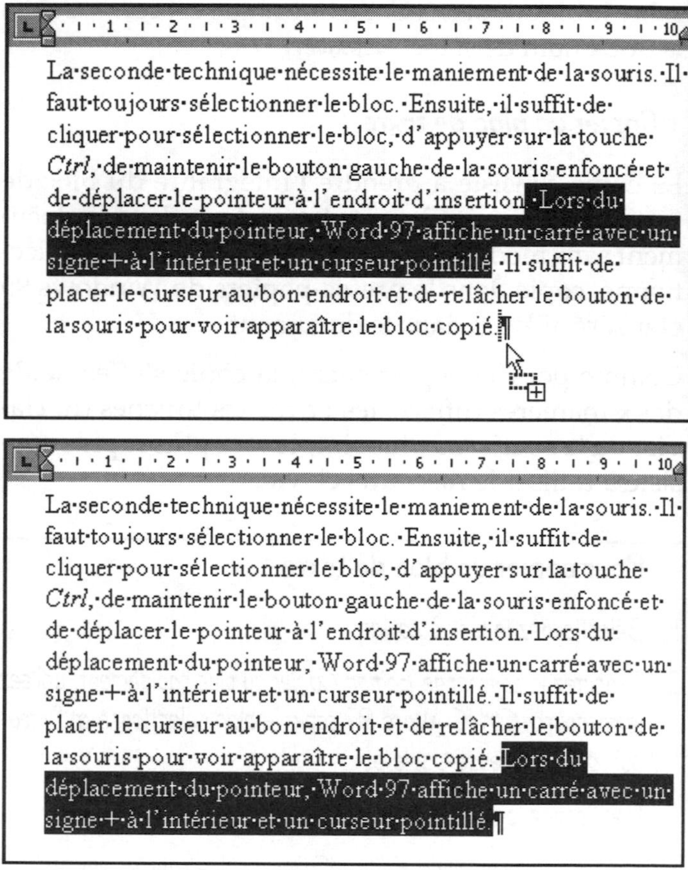

Figure 4.12 : la copie d'un bloc de texte à l'aide de la souris.

la touche *Ctrl*, de maintenir le bouton gauche de la souris enfoncé et de déplacer le pointeur à l'endroit d'insertion. Lors du déplacement du pointeur, Word

97 affiche un carré avec un signe + à l'intérieur et un curseur pointillé. Il faut placer le curseur au bon endroit et relâcher le bouton de la souris pour voir apparaître le bloc copié.

NOTES

Les icônes suivantes de la barre d'outils *Standard* peuvent également être utilisées :

 pour couper un bloc lors d'un déplacement.

 pour copier un bloc lors d'une copie

 pour coller un bloc.

Les deux premières icônes sont grisées (et donc inaccessibles) tant que vous n'avez pas sélectionné un bloc de texte.

Tant qu'aucun autre objet n'est pas copié dans le presse-papiers, il est possible d'insérer le bloc sélectionné, à plusieurs endroits différents dans le texte. Il suffit de positionner le curseur et d'utiliser le raccourci *Ctrl+V* pour chaque opération.

Lors de la copie ou du déplacement d'un bloc de texte, Word 97 est tout à fait capable de gérer les espaces restants et les ajuste en fonction du texte modifié ; il en ajoute ou il en supprime. Cette fonctionnalité particulièrement intéressante peut être annulée grâce à la commande *Outils/Options*, à l'onglet *Edition* de la boîte de dialogue *Options* et à l'option *Couper-coller avec gestion d'espace*. Cliquez sur l'option pour enlever la coche et pour indiquer à Word 97 de ne plus gérer les espaces lors d'une commande de copie ou de déplacement.

Le mode AutoCorrection

Vous pouvez demander à Word 97 de vérifier l'orthographe des mots saisis au clavier et d'effectuer les corrections éventuelles. Cette fonctionnalité permet d'éviter de devoir interrompre la frappe du texte pour une inversion de lettre si fréquente lors de la dactylographie. Pour ce faire, il est nécessaire d'activer le mode *AutoCorrection*.

Pour activer le mode *AutoCorrection*

1. Exécutez la commande *Outils/Correction automatique* pour afficher la boîte de dialogue *Correction automatique* (voir la figure 4.13).

2. Cliquez sur la case à cocher *Correction en cours de frappe*.

3. Validez l'activation du mode *AutoCorrection* en cliquant sur le bouton *OK*. Dès que la fonction est activée, Word 97 corrige toutes les fautes de frappe pour autant que le mot erroné figure dans son dictionnaire.

Si Word 97 ne connaît pas le mot, vous pouvez toujours l'ajouter de la manière suivante :

1. Entrez le mot erroné dans la zone de saisie *Remplacer* et le mot correct dans la zone *Par*.

2. Validez l'ajout du nouveau mot en cliquant sur le bouton *OK*.

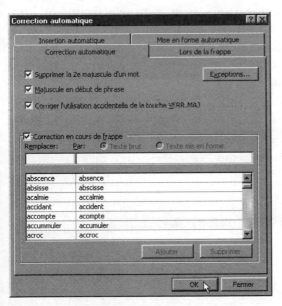

Figure 4.13 : la boîte de dialogue Correction automatique permet d'activer le mode AutoCorrection pour que Word 97 corrige les fautes d'orthographe en cours de frappe.

Si vous ne voulez plus que Word 97 corrige automatiquement les fautes de frappe, il suffit de désactiver l'option *Correction en cours de frappe* en cliquant sur la case correspondante.

La correction orthographique

Word 97 possède un dictionnaire permettant d'effectuer une correction orthographique dans un texte. A tout moment, vous pouvez effectuer une correction simplement en appuyant sur la touche *F7* ou en exécutant la commande <u>O</u>utils/Grammaire et <u>o</u>rthographe. Word 97 corrige toujours le texte sélectionné ou l'ensemble du document si aucun bloc n'est sélectionné. Si la correction débute au milieu du texte, le traitement de texte affiche un message lorsqu'il arrive en fin de document et demande si la correction doit continuer avec le début.

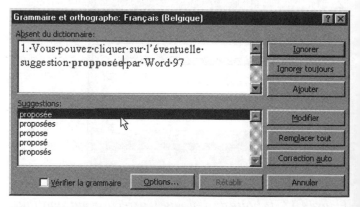

Figure 4.14 : la boîte de dialogue de correction orthographique.

La correction se termine lorsque tous les mots ont été vérifiés (Word 97 l'indique en affichant un message de terminaison) ou dès que vous appuyez sur la touche *Esc*.

Une fois la correction orthographique lancée, le traitement de texte affiche une boîte de dialogue dès qu'il rencontre une faute ou si un mot lui est inconnu (voir la figure 4.14).

Si le mot est fautif :

1. Vous pouvez double-cliquer sur l'éventuelle suggestion proposée par Word 97 pour qu'il corrige l'erreur immédiatement. Dans l'exemple de la figure 4.14, pour modifier le mot *propposée*, il suffit de double-cliquer sur le mot *proposée* dans la liste des *Suggestions*. Cliquer sur le mot de la liste puis sur le bouton *Modifier* est équivalent mais moins rapide.

2. Si vous vous rendez compte que vous avez effectué la même erreur pendant toute la saisie du texte, vous pouvez directement cliquer sur la suggestion proposée par Word 97, puis cliquer sur le bouton *Remplacer tout* pour que la modification s'effectue pour toutes les occurrences de ce mot.

3. Utilisez les touches fléchées pour déplacer le curseur au niveau du caractère erroné dans la zone *Absent du dictionnaire*. Enlevez le *p* superflu et cliquez sur le bouton *Modifier* pour répercuter la correction dans le texte.

4. Vous pouvez cliquer directement dans le texte et effectuer la modification sans que la boîte de dialogue ne disparaisse de l'écran.

Attention, deux clics successifs seront nécessaires. Le premier pour désactiver la boîte de dialogue et le second pour positionner le curseur à l'endroit de la faute dans la fenêtre document.

Les deux dernières options doivent être utilisées lorsque Word 97 ne connaît pas le mot. En effet, dans ce cas précis, le traitement de texte ne propose aucune suggestion.

Si le mot est inconnu mais correct :

1. Cliquez sur le bouton *Ignorer* pour que Word 97 continue la vérification sans modifier le mot. Attention, à la prochaine occurrence de ce mot, le traitement de texte affichera de nouveau la boîte de dialogue indiquant qu'il ne connaît pas ce mot.

2. Cliquez sur le bouton *Ignorer toujours* pour que Word 97 continue la vérification sans modifier le mot. A la prochaine occurrence du mot, le traitement de texte ne s'arrêtera plus car vous lui avez indiqué d'ignorer ce mot pour toute la vérification orthographique.

3. Cliquez sur le bouton *Ajouter* pour que Word 97 insère le mot inconnu dans le dictionnaire et continue la vérification orthographique. Etant donné que le mot est disponible dans le dictionnaire, à la prochaine occurrence, Word 97 ne s'arrêtera plus.

Lorsque vous cliquez sur le bouton *Ajouter* de la boîte de dialogue *Grammaire et orthographe,* Word 97 ajoute le mot inconnu au dictionnaire personnel de l'utilisateur. Ce dernier correspond à un fichier nommé *PERSO.DIC* contenant tous les mots inconnus. Il est tout à fait possible de visualiser le contenu du dic-

tionnaire personnel et de le compléter manuellement.
Pour ce faire, cliquez sur le bouton *Options* de la boîte
de dialogue *Grammaire et orthographe*, puis sur *Dictionnaires* pour examiner le dossier dans lequel le dictionnaire personnel est sauvé voir la figure 4.15.

*Figure 4.15 : le dictionnaire personnel est stocké
dans le dossier Office de Microsoft Office.*

Pour visualiser le contenu du dictionnaire

1. Exécutez la commande *Démarrer/Programmes/Explorateur Windows* pour charger l'explorateur de Windows 95.

2. Allez dans le dossier *\Program Files\Microsoft Office\Office* en double-cliquant sur les dossiers correspondants.

3. Dans la colonne de droite de l'explorateur, vous devriez voir apparaître un fichier *Perso.dic*.

4. Double-cliquez sur le nom du fichier pour l'ouvrir et visualiser les différents mots du dictionnaire personnel.

5. Pour ajouter un mot, il suffit de l'entrer en fin de fichier et de sauver au moyen de la commande *Fichier/Enregistrer*.

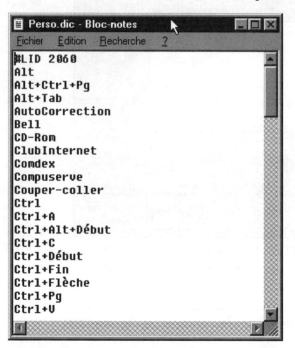

Figure 4.16 : Perso.dic est le dictionnaire personnel dans lequel Word 97 ajoute automatiquement les mots inconnus.

4.4. Rechercher et remplacer

Les commandes *Edition/Rechercher* et *Remplacer* permettent d'effectuer des recherches de mots dans un document ainsi que des remplacements rapides. La recherche peut se faire sur plusieurs caractères, un mot, une phrase, mais également sur des mises en formes (caractères gras, retrait, alignement). Les deux commandes provoquent l'affichage d'une boîte de dialogue *Rechercher et remplacer* (voir la figure 4.17). Suivant l'opération souhaitée, il suffit de cliquer sur l'onglet correspondant.

La commande *Rechercher* recherche toutes les occurrences d'un mot dans le document. Une fois l'opération lancée, Word 97 s'arrête dès qu'il trouve une première occurrence du mot et le place en vidéo inverse. En cliquant sur le bouton *Suivant*, il continue la recherche d'une éventuelle deuxième occurrence et ainsi de suite jusqu'à la fin du document.

La commande *Remplacer* commence par rechercher l'occurrence du mot indiqué. Une fois trouvé, vous pouvez cliquer sur le bouton *Remplacer* pour remplacer le mot recherché par celui indiqué dans la deuxième zone de saisie. En cliquant sur le bouton *Remplacer tout*, Word 97 remplace toutes les occurrences du mot jusqu'à la fin du document sans s'arrêter.

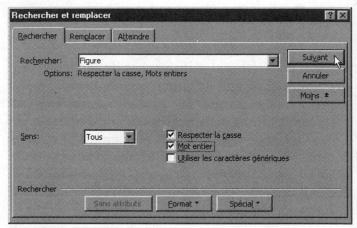

Figure 4.17 : la recherche ou le remplacement provoquent l'affichage de la même boîte de dialogue Rechercher et remplacer.

Pour rechercher toutes les occurrences du mot *Figure* dans un texte

1. Exécutez la commande *Édition/Rechercher* ou appuyez sur les touches *Ctrl+F* (raccourci de la commande). Word 97 affiche la boîte de dialogue *Rechercher et remplacer* comme indiqué sur la figure 4.17.

2. Dans la zone de saisie *Rechercher*, entrez le mot *Figure* en respectant la majuscule.

3. Cliquez sur le bouton *Plus* pour que Word 97 affiche plus d'options dans la boîte de dialogue.

4. Cliquez sur les cases *Respecter la casse* et *Mot entier* pour que Word 97 recherche uniquement les occurrences du mot *Figure*

possédant une majuscule. Si vous ne cochez pas ces deux cases, le traitement de texte pourrait s'arrêter sur les mots *figure* (pas de majuscule), *figures* (ce n'est pas le mot entier) ou *défigurer*.

5. Cliquez sur le bouton *Suivant* pour que Word 97 commence la recherche. Il n'est pas nécessaire de placer le curseur en début de document. Lorsque la fin du document sera atteinte, Word 97 l'indiquera et continuera la recherche jusqu'à ce que la position initiale du curseur soit atteinte.

6. Dès qu'il trouve une occurrence du mot *Figure*, le traitement de texte s'arrête et place le mot en vidéo inverse (voir la figure 4.18). Vous pouvez cliquer deux fois dans la fenêtre document pour effectuer des opérations sur le texte tout en gardant la boîte de dialogue *Rechercher et remplacer* ouverte.

7. Cliquez sur le bouton *Suivant* pour que Word 97 recherche l'occurrence suivante du mot.

8. A tout moment, vous pouvez cliquer sur *Annuler* ou appuyer sur la touche *Esc* pour annuler la recherche.

Pour remplacer toutes les occurrences du mot *château* par *Château*

1. Placez le curseur au début de document en appuyant sur les touches *Ctrl+Début*.

2. Exécutez la commande *Edition/Remplacer* ou appuyez sur les touches *Ctrl+H* (raccourci de la commande). Word 97 affiche la boîte de dialogue *Rechercher et remplacer*, l'onglet *Remplacer* est sélectionné.

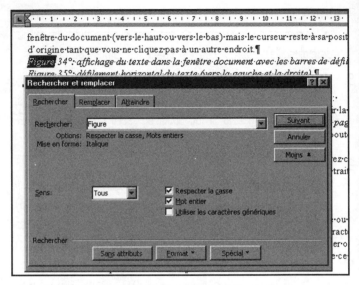

Figure 4.18 : Word 97 a trouvé une occurrence du mot Figure, les deux options (casse et mot entier) sont bien respectées.

3. Entrez le mot *château* dans la zone de saisie *Rechercher* et le mot *Château* dans la zone de saisie *Remplacer par*.

4. Si les options supplémentaires ne sont pas affichées dans la boîte de dialogue, cliquez sur le bouton *Plus*.

5. Cliquez sur les options *Respecter la casse* et *Mot entier*.

6. Cliquez sur le bouton *Suivant* pour lancer la première recherche. Dès que Word 97 rencontre le mot *château*, il le sélectionne et l'affiche dans la fenêtre document.

7. Cliquez sur le bouton *Remplacer* pour effectuer l'opération de remplacement, puis cliquez sur le bouton *Suivant* pour continuer la recherche.

8. Si vous ne voulez pas que Word 97 s'arrête à toutes les occurrences, vous pouvez directement cliquer sur le bouton *Remplacer tout* pour que tous les mots *château* soient remplacés par *Château*, et ce, jusqu'à la fin du document.

9. Lorsque l'opération est terminée, Word 97 affiche un message indiquant le nombre de remplacements effectués dans le document.

Recherche avancée

Dans la zone de saisie *Rechercher*, vous pouvez introduire les caractères spéciaux indiqués ci-après. Ceux-ci permettent d'affiner les recherches sur des mots.

? : correspond à n'importe quel caractère. Exemple : si *ca?e* est introduit dans la zone de recherche, Word 97 peut s'arrêter sur les mots *cave*, *case*, etc.

* : correspond à n'importe quelle chaîne de caractères. Exemple : si *ca** est introduit dans la zone, Word 97 s'arrêtera sur tous les mots commençant par *ca* (*cave*, *catastrophe*, etc.).

[] : correspond à un des caractères introduits. Exemple : si *ca[sv]e* est introduit, Word 97 s'arrêtera sur les mots *case* et *cave*.

[-] : correspond à n'importe quel caractère compris dans la plage indiquée. Exemple : si *car[p-t]e* est in-

troduit, Word 97 s'arrêtera sur les mots *carpe*, *carte* mais il passera les mots *carde* et *carme*.

[!] : correspond à n'importe quel caractères sauf ceux spécifiés entre crochets. Exemple : si *ba[!v]e* est introduit, Word 97 s'arrêtera sur les mots *baie*, *base* mais pas sur le mot *bave*.

[!-] : correspond à n'importe quel caractère sauf ceux compris dans la plage définie entre crochets.

{n} : correspond à *n* occurrences du caractère précédent le symbole {. Exemple : si *bal{2}* est indiqué, Word 97 s'arrêtera sur tous les mots comportant deux *l* : *balle*, *ballet*, etc.

{n,} : correspond à au moins *n* occurrences du caractère précédent le symbole {.

{n,m} : correspond à *x* occurrences du caractère précédent le symbole { où *x* est compris entre *n* et *m*.

@ : correspond à une ou plusieurs occurrences du caractère précédent le symbole @.

< : indique le début d'un mot. Exemple : si *<ba* est spécifié dans la zone, Word 97 s'arrêtera sur tous les mots commençant par les lettres *ba*.

> : indique la fin d'un mot. Exemple : si *ble>* est spécifié dans la zone, Word 97 s'arrêtera sur les mots *table*, *érable*, *incontestable*, etc.

4.5. Les différents modes d'affichage

Word 97 propose différentes manières d'afficher un document. Par défaut, lorsque vous créez un document, il utilise le mode *Normal*. Dans ce mode, Word 97 affiche une version simplifiée de la page. Le document est représenté sous la forme d'une longue page blanche séparée par des traits pointillés indiquant une nouvelle page. Ce mode d'affichage est utilisé pour la saisie d'un document et la mise en forme des caractères (ajout des attributs : gras, italique, souligné).

Pour afficher le mode *Normal*, exécutez la commande *Affichage/Normal* ou cliquez sur le bouton *Mode Normal* dans le coin inférieur gauche de la fenêtre document.

Pour visualiser le document tel qu'il sera imprimé, utilisez le mode *Page*. Bien que ce mode ralentisse quelque peu le défilement du texte, vous pouvez voir exactement la disposition des titres, légendes et images sur la page. Word 97 passe automatiquement à ce mode lorsque vous effectuez certaines opérations particulières et notamment si vous insérez des images.

Pour afficher le mode *Page*, exécutez la commande *Affichage/Page* ou cliquez sur le bouton *Mode Page* dans le coin inférieur gauche de la fenêtre document.

Pour bénéficier de la totalité de l'écran et visualiser le contenu d'une page, utilisez le mode *Plein écran*. Word 97 supprime toutes les barres titres, de menus,

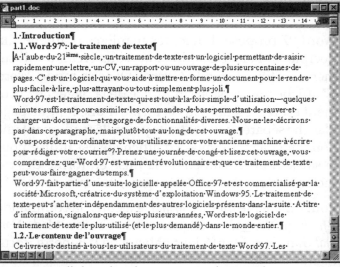

Figure 4.19: affichage d'un document en mode Normal.

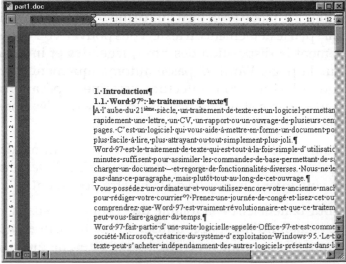

Figure 4.20 : affichage d'un document en mode Page.

d'outils, d'état et les barres de défilement pour n'afficher qu'une page blanche sur l'écran. Seule une barre d'outils flottante subsiste sur la page ; elle permet de revenir au mode *Normal*. L'exécution des commandes n'est possible que via les raccourcis clavier.

Pour afficher le mode *Plein écran*, exécutez la commande *Affichage/Plein écran*. Vous revenez à un mode *Normal* (avec les menus et barres d'outils) dès que vous appuyez sur la touche *Esc* ou que vous cliquez sur le bouton *Fermer le plein écran* de la barre d'outils flottante *Plein écran*.

Le mode *Plan* permet de réduire l'affichage des documents aux titres et aux sous-titres. Vous attribuez divers niveaux de titres lors de la conception d'un document et Word 97 est capable de n'afficher que certains niveaux. Bien entendu, il est toujours possible d'afficher n'importe quel sous-niveau. Mais cette technique permet d'avoir une vue d'ensemble et surtout de changer certains paragraphes entiers simplement en déplaçant le titre du niveau affiché.

Pour passer au mode *Plan*, exécutez la commande *Affichage/Plan* ou cliquez sur le bouton *Mode Plan* dans le coin inférieur gauche de la fenêtre document.

Avant d'imprimer un document, vous pouvez visualiser la page entière en taille réduite de manière à ajuster une dernière fois la mise en page globale. Cet affichage ne permet pas de voir exactement le contenu du document (sauf sur des écrans de grande taille) mais uniquement la disposition des paragraphes. Ce

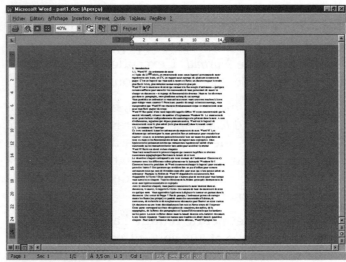

Figure 4.21 : l'affichage en mode Aperçu.

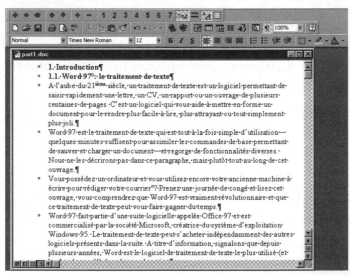

Figure 4.22 : le mode Plan visualise le document par niveaux de titres.

mode particulier sera étudié plus en détail dans le chapitre 7 consacré à l'impression.

Pour afficher le document en *mode Aperçu avant impression*, exécutez la commande *Fichier/Aperçu avant impression*.

Avec le mode *Lecture à l'écran*, le texte apparaît optimisé pour la relecture. La page est ajustée à l'écran de manière à visualiser chacune des lignes du document. Ce mode de visualisation ne présente pas les pages telles qu'elles seront imprimées.

Pour activer ce mode, exécutez la commande *Affichage/Lecture à l'écran* ou cliquez sur l'icône *Mode Lecture à l'écran* dans le coin inférieur gauche de la fenêtre document.

L'explorateur de document permet d'afficher les titres principaux d'un document dans une colonne placée à gauche du document. De cette manière, vous pouvez rapidement parcourir des yeux l'ensemble du document. L'*explorateur de document* travaille par niveaux de titres et peut afficher des sous-titres dans la colonne gauche. Le fonctionnement de cet outil de visualisation ressemble à celui de l'*Explorateur* de Windows 95.

Pour afficher le document en mode *Explorateur*, exécutez la commande *Affichage/Explorateur de document*. Pour refermer l'*Explorateur de document*, exécutez la même commande.

La mise
en forme
d'un document

5.1. Introduction

La mise en forme est la deuxième phase - après la saisie au kilomètre - dans la création d'un document. Mettre en forme signifie :

● Modifier la taille et la police des caractères.

● Spécifier le style et les attributs des caractères.

● Définir la taille des pages et les marges sur la page.

● Indiquer les retraits éventuels des paragraphes.

● Définir l'espacement entre les lignes et entre les paragraphes.

● Spécifier l'alignement des paragraphes.

● Définir des taquets de tabulation.

● Ajouter des bordures et des trames de fond.

Une fois toutes ces opérations terminées, le document pourra être imprimé.

Word 97 regroupe toutes les commandes de mise en forme d'un document dans un seul menu *Format*.

● La commande *Format/Police* concerne la modification de la taille et de la police de caractères ainsi que les attributs des caractères (grasse, italique, souligné, etc.).

● La commande *Format/Paragraphe* regroupe toutes les options concernant les retraits, espacements et alignements des paragraphes.

● La commande *Format/Tabulations* permet de définir ou d'annuler des taquets de tabulation.

- La commande *Format/Bordure et trame* - comme son nom l'indique - s'occupe de placer des bordures ou des trames autour d'un paragraphe.
- La commande *Fichier/Mise en page* concerne la taille du papier utilisé, les marges définies sur la page ainsi que l'orientation des pages.

NOTE

Vous avez intérêt à choisir l'imprimante sur laquelle vous sortirez votre document avant d'effectuer la mise en forme. En effet, les polices de caractères disponibles, leur taille, l'espacement varient d'une imprimante à l'autre. Un changement d'imprimante peut entraîner des modifications dans la police de caractères et peut provoquer des sauts de page et le passage de titres sur une page suivante. Vérifiez donc l'imprimante connectée avant de mettre en forme votre document. Le choix d'une imprimante s'effectue via la liste déroulante *Nom* de la boîte de dialogue *Imprimer* qui s'affiche en exécutant la commande *Fichier/Imprimer*. Pour plus de détails, consultez le chapitre 7 consacré à l'impression.

5.2. Mise en forme des caractères

La mise en forme d'un caractère ou d'un bloc de texte s'effectue en deux étapes :

1. Sélectionner le bloc de texte.

2. Lui attribuer la police de caractères, la taille, et les attributs voulus.

Toutes ces opérations peuvent être effectuées dans une seule boîte de dialogue (intitulée *Police*) qui s'affiche dès que vous exécutez la commande *Format/Police*.

Pour modifier la police et la taille, il suffit de cliquer sur un nom proposé dans la liste *Police* et de choisir une taille. Vous pouvez également entrer une valeur dans la zone de saisie *Taille*.

Pour plus de facilité, vous avez intérêt à afficher la barre d'outils *Mise en forme*. Celle-ci propose deux menus déroulants : *Police* et *Taille de la police*.

Par défaut, Word 97 affiche le texte en *Times New Roman* et en taille *10*. Mais cette option peut être modifiée très simplement.

Pour changer la police et la taille par défaut

1. Exécutez la commande *Format/Police* pour afficher la boîte de dialogue *Police*.

2. Choisissez une police de caractères dans la liste *Police* et une taille dans la liste *Taille*.

Figure 5.1 : choix d'une police et d'une taille via la barre d'outils Mise en forme. Le texte a été sélectionné, la taille 16 lui a été attribuée et la police Comic Sans MS va être choisie.

3. Cliquez sur le bouton *Par défaut*. Word 97 affiche une fenêtre d'avertissement indiquant que tous les documents créés utiliseront cette police et cette taille de caractères par défaut.

4. Validez en cliquant sur le bouton *Oui*.

Le choix des attributs peut également s'effectuer dans la barre d'outils *Mise en forme*. Word 97 propose trois boutons sur lesquels il suffit de cliquer pour modifier l'attribut. Lorsque le texte a l'attribut *gras*, le bouton associé est enfoncé et il suffit de cliquer à nouveau dessus pour rendre le texte normal.

G pour rendre les caractères gras.

I pour rendre les caractères italiques.

<u>S</u> pour rendre les caractères soulignés.

Pour ce qui concerne les autres attributs, il faut obligatoirement passer par la boîte de dialogue *Police* (commande *Format/Police* ou raccourci *Ctrl+D*)

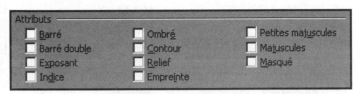

Figure 5.2 : le choix des attributs pour les caractères dans la boîte de dialogue Police. Pour définir un attribut, sélectionnez le texte et cliquez sur une des cases à cocher correspondantes. Validez le choix en cliquant sur le bouton OK de la boîte de dialogue.

Passer par la boîte de dialogue *Police* ne simplifie pas la vie de l'utilisateur. C'est pourquoi, Word 97 propose une série de raccourcis permettant de définir rapidement un attribut pour un bloc de texte. Sélectionnez le texte et appuyez sur les touches du raccourci pour associer l'attribut. Pour enlever un attribut, l'opération est la même : il suffit de sélectionner le texte et d'appuyer sur les touches du raccourci.

Le tableau ci-dessous résume tous les raccourcis utiles pour la mise en forme des caractères.

Pour appliquer l'attribut	Appuyez sur les touches
Gras	*Ctrl+G*
Italique	*Ctrl+I*
Souligné	*Ctrl+U*
Souligné (sauf les espaces)	*Maj+Alt+U*

<u>Double souligné</u>	*Alt+Ctrl+U*
Exposant (^{E})	*Ctrl++* (signe plus)
Indice ($_I$)	*Ctrl+=* (signe égal)
MAJUSCULES	*Maj+Ctrl+A*
PETITES MAJUSCULES	*Maj+Ctrl+K*
minuscule	*Maj+F3*
Masqué	*Maj+Ctrl+U*
Taille inférieure	*Maj+Ctrl+<*
Un point supérieur	*Maj+Alt+Ctrl+<*
Un point inférieur	*Alt+Ctrl+<*
Changer la taille des caractères	*Maj+Ctrl+E*
Police *Symbol*	*Maj+Ctrl+Q*

A tout moment, vous pouvez voir la mise en forme
d'un caractère en cliquant sur les touches *Maj+F1* ;
Word 97 transforme le pointeur en point d'interroga-
tion, puis en cliquant sur le caractère du texte.

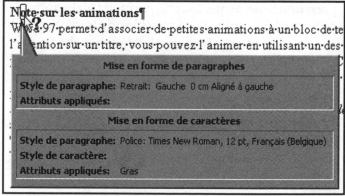

*Figure 5.3 : grâce au raccourci Maj+F1, vous pouvez
visualiser la mise en forme des caractères.*

NOTE SUR LES ANIMATIONS

Word 97 permet d'associer de petites animations à un bloc de texte. Pour attirer l'attention sur un titre, vous pouvez l'animer en utilisant un des effets spéciaux proposés dans la boîte de dialogue *Police*, onglet *Animation*. Comme pour tout autre attribut, l'association d'une animation se réalise simplement en sélectionnant le bloc puis en cliquant sur un des nom d'animation proposés.

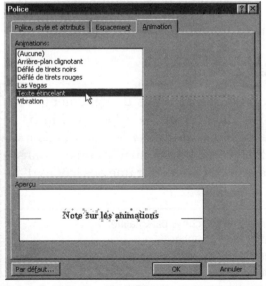

Figure 5.4 : les animations permettent d'attirer l'attention du lecteur sur un titre ou une phrase importante.

5.3. Mise en forme des paragraphes

Pour modifier l'apparence d'un paragraphe, il n'est pas nécessaire de le sélectionner. Il suffit simplement de positionner le curseur clignotant sur un mot du paragraphe.

Toutes les modifications se réalisent dans la boîte de dialogue *Paragraphe* qui s'affiche à l'écran dès que vous exécutez la commande *Format/Paragraphe*.

Vous pouvez également utiliser les icônes d'alignement de la barre d'outils *Mise en forme* et la règle horizontale. Si cette dernière n'est pas affichée à l'écran, utilisez le raccourci *Maj+Alt+R* pour la faire apparaître en haut de la page de la fenêtre document.

Modifier l'alignement

Word 97 propose quatre types d'alignement. Vous pouvez choisir directement le type dans la barre d'outils *Mise en forme* ou utiliser les raccourcis indiqués. N'oubliez pas de positionner le curseur dans le paragraphe avant de cliquer sur une des icônes d'alignement.

Maj+Ctrl+G: pour aligner gauche le paragraphe.
Ctrl+E: pour centrer le paragraphe.
Maj+Ctrl+D: pour aligner droit le paragraphe.
Ctrl+J: pour justifier le paragraphe.

Une autre technique moins rapide consiste à exécuter la commande *Format/Paragraphe* pour afficher la boîte de dialogue *Paragraphe* et choisir l'alignement dans la liste déroulante *Alignement* (voir la figure 5.5).

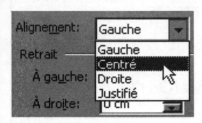

Figure 5.5 : choix de l'alignement dans la boîte de dialogue Paragraphe.

Pour définir l'alignement d'un paragraphe

1. Positionnez le curseur clignotant dans le paragraphe en cliquant sur un des mots ou en utilisant les raccourcis clavier.

2. Cliquez sur une des icônes de la barre d'outils pour aligner le paragraphe.

Note sur les animations

Word 97 permet d'associer de petites animations à un bloc de texte. Pour attirer l'attention sur un titre, vous pouvez l'animer en utilisant un des effets spéciaux proposés dans la boîte de dialogue *Police* (onglet *Animation*). Comme pour tout autre attribut, l'association d'une animation se réalise simplement en sélectionnant le bloc puis en cliquant sur une des animations proposées.

Word 97 permet d'associer de petites animations à un bloc de texte. Pour attirer l'attention sur un titre, vous pouvez l'animer en utilisant un des effets spéciaux proposés dans la boîte de dialogue *Police* (onglet *Animation*). Comme pour tout autre attribut, l'association d'une animation se réalise simplement en sélectionnant le bloc puis en cliquant sur une des animations proposées.

Figure 5.6 : l'alignement est justifié grâce au bouton de la barre d'outils Mise en forme.

Insérer des retraits

Les retraits correspondent à la distance entre les marges gauche et droite de la page et les limites à l'intérieur desquelles le texte du paragraphe est placé. Vous pouvez définir un retrait gauche (distance entre la marge gauche et le début du texte) et un retrait droit (distance entre la marge droite et la fin du texte sur la ligne). Il est également possible d'établir un retrait supplémentaire pour la première ligne du paragraphe. Il correspond à la distance entre le début du paragraphe (première ligne) et le retrait gauche.

Toutes ces options se définissent dans la zone *Retrait* de la boîte de dialogue *Paragraphe* ou au moyen des indicateurs de retrait de la règle horizontale.

Pour rappel, vous pouvez afficher la règle avec la commande *Affichage/Règle* ou en utilisant le raccourci *Maj+Alt+R*. Si la règle n'est pas affichée en permanence à l'écran, vous pouvez toutefois y accéder en pointant sur le bord supérieur de la page (une ligne grise doit s'y trouver). En maintenant le pointeur de la souris sur la ligne grise pendant 1 à 2 secondes, Word 97 affiche automatiquement la règle. Dès que vous déplacez la souris en dehors de la ligne grise, Word 97 la fait disparaître.

Pour définir un retrait gauche

1. Sélectionnez le paragraphe pour lequel le retrait gauche doit être défini.

2. Affichez la boîte de dialogue *Paragraphe* en exécutant la commande *Format/Paragraphe*.

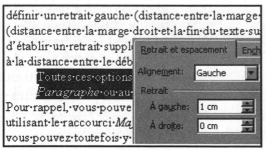

Figure 5.7 : définition d'un retrait gauche de 1 cm au moyen de la boîte de dialogue Paragraphe.

3. Dans la zone de saisie *A gauche* de l'option *Retrait*, introduisez la valeur (en centimètres) du retrait, c'est-à-dire la distance entre la marge gauche et le bord gauche du texte.

4. Validez l'opération en cliquant sur le bouton *OK*.

Une autre technique consiste à utiliser les indicateurs de retraits de la règle.

1. Cliquez dans le paragraphe à modifier.

2. Cliquez sur l'indicateur de retrait gauche (partie rectangulaire de l'indicateur), maintenez le bouton de la souris enfoncé et déplacez horizontalement la souris vers la droite.

3. Lorsque la distance de déplacement correspond au retrait voulu, relâchez le bouton de la souris. Le texte se déplace vers la droite pour refléter le retrait gauche.

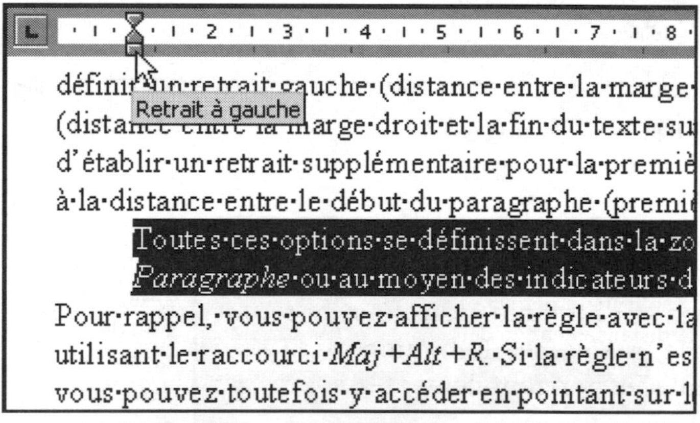

Figure 5.8 : définition d'un retrait gauche de 1 cm au moyen de l'indicateur de retrait de la règle.

Pour définir un retrait droit

1. Cliquez dans le paragraphe pour lequel le retrait droit doit être défini.

2. Affichez la boîte de dialogue *Paragraphe* en exécutant la commande *Format/Paragraphe*.

3. Dans la zone de saisie *A droite* de l'option *Retrait*, introduisez la valeur (en centimètres) du retrait, c'est-à-dire la distance entre la marge droite et le bord droit du texte.

4. Validez l'opération en cliquant sur le bouton *OK*.

Figure 5.9 : définition d'un retrait droit de 5 cm au moyen de la boîte de dialogue Paragraphe.

Avec la technique des indicateurs de la règle, utilisez la même procédure que pour le retrait gauche. Cliquez sur l'unique indicateur de retrait droit dans la règle, maintenez le bouton de la souris enfoncé et déplacez horizontalement la souris vers la gauche.

Pour définir un retrait de la première ligne

1. Cliquez dans le paragraphe pour lequel le retrait de la première ligne doit s'appliquer.

2. Affichez la boîte de dialogue *Paragraphe* en exécutant la commande *Format/Paragraphe*.

3. Dans la zone de saisie *De* de l'option *Retrait*, introduisez la valeur (en centimètres) du retrait de la première ligne, c'est-à-dire la distance entre le retrait gauche et le début du texte de la première ligne.

4. Validez l'opération en cliquant sur le bouton *OK*.

Avec la règle horizontale :

1. Cliquez dans le paragraphe à modifier.

2. Cliquez sur la partie supérieure (uniquement) de l'indicateur de retrait gauche et maintenez le bouton de la souris enfoncé.

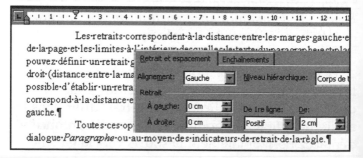

Figure 5.10 : définition d'un retrait de la première ligne de 2 cm au moyen de la boîte de dialogue Paragraphe.

3. Déplacez le pointeur de la souris vers la droite jusqu'à la graduation 2.

4. Relâchez le bouton de la souris pour voir apparaître le retrait de la première ligne.

Pour définir un retrait négatif de la première ligne

1. Cliquez dans le paragraphe pour lequel le retrait de la première ligne doit s'appliquer.

2. Affichez la boîte de dialogue *Paragraphe* en exécutant la commande *Format/Paragraphe*.

3. Dans la zone *De 1re ligne*, choisissez l'option *Négatif*.

4. Dans la zone *De*, entrez la valeur du retrait négatif.

5. Validez l'opération en cliquant sur le bouton *OK*.

Avec la règle horizontale :

1. Cliquez dans le paragraphe à modifier.

2. Cliquez sur la partie centrale de l'indicateur de retrait gauche et maintenez le bouton de la souris enfoncé.

3. Déplacez le pointeur de la souris vers la droite jusqu'à la graduation 2. Les deux parties inférieures de l'indicateur doivent se déplacer en même temps que le pointeur.

4. Relâchez le bouton de la souris pour voir apparaître le retrait négatif de la première ligne.

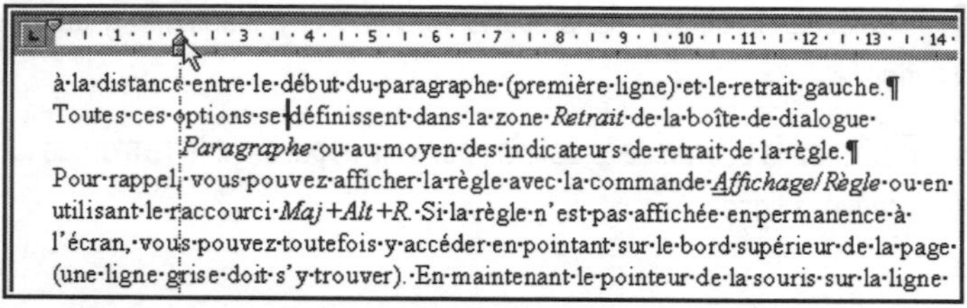

Figure 5.11 : définition du retrait négatif de la première ligne grâce aux indicateurs de retrait de la règle horizontale.

NOTES SUR LES RETRAITS

La barre d'outils *Mise en forme* possède deux boutons, l'un pour diminuer le retrait  et l'autre pour l'augmenter 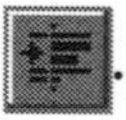 . Les retraits s'effectuent vers la marque de tabulation suivante ou d'une largeur égale au caractère de la police standard.

Dans la boîte de dialogue *Paragraphe*, la saisie d'une valeur pour un retrait gauche, droit ou de première ligne provoque l'affichage d'un aperçu du résultat dans la zone *Aperçu*. Servez-vous-en !

En cliquant droit sur un paragraphe, Word 97 affiche automatiquement un menu contextuel dans lequel vous retrouvez la commande *Paragraphe*. Utiliser la commande du menu contextuel ou exécuter la commande *Fichier/Paragraphe* est équivalent ; la première solution est toutefois plus rapide.

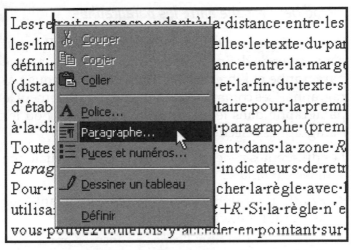

Figure 5.12 : accès à la boîte de dialogue Paragraphe via la commande Paragraphe du menu contextuel.

Word 97 propose quelques raccourcis clavier permettant d'ajouter ou de diminuer des retraits gauche ou négatif.

Pour	Appuyez sur les touches
ajouter un retrait gauche	*Ctrl+R*
diminuer un retrait gauche	*Maj+Ctrl+M*
ajouter un retrait négatif (1re ligne)	*Ctrl+T*
diminuer un retrait négatif	*Maj+Ctrl+T*

Modifier l'espace entre les paragraphes

La zone *Espacement* de la boîte de dialogue *Paragraphe* permet de définir l'espace à insérer entre chaque paragraphe et l'interligne à utiliser dans chaque paragraphe. Ces commandes concernent uniquement le paragraphe dans lequel se trouve le curseur ou les paragraphes sélectionnés.

Les différentes zones de saisie de la boîte de dialogue sont les suivantes :

- *Avant* : pour définir l'espace à insérer avant tous les paragraphes sélectionnés.

- *Après* : pour définir l'espace à insérer après tous les paragraphes sélectionnés.

- *Interligne* : pour définir l'espace à insérer entre les lignes des paragraphes sélectionnés. Word 97 propose différentes valeurs prédéfinies.

- *De* : pour définir exactement l'espace à insérer entre les lignes des paragraphes sélectionnés.

Comme pour toutes les autres options de la boîte de dialogue *Paragraphe*, toutes les modifications sont directement visibles dans la zone *Aperçu*.

Pour insérer un espace après plusieurs paragraphes

1. Sélectionnez les paragraphes pour lesquels l'espace après doit être modifié.

2. Exécutez la commande *Format/Paragraphe*.

3. Dans la zone de saisie *Après*, entrez la valeur 12 (points).

4. Validez la procédure en cliquant sur le bouton *OK*.

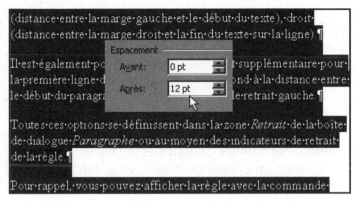

Figure 5.13 : modification de l'espace après.

NOTE SUR LE POINT

Word 97 utilise l'unité *point* pour indiquer l'espace entre deux paragraphes (ou entre deux lignes). Le point vaut 0,3759 mm et les caractères mesurent habituellement entre 6 et 84 points. Si vous utilisez les flèches pour modifier la valeur de l'espace entre les paragraphes, vous verrez que Word 97 affiche des valeurs multiples de 6.

Pour augmenter l'interligne d'un paragraphe

1. Placez le curseur clignotant dans le paragraphe à modifier ou sélectionnez les différents paragraphes.

2. Exécutez la commande *Format/Paragraphe*.

3. Cliquez sur la flèche à droite de la zone de saisie *Interligne* pour dérouler la liste.

4. Sélectionnez la valeur *1,5 ligne* et validez l'opération en cliquant sur le bouton *OK*.

Lorsque les valeurs prédéfinies *Au moins*, *Exactement* et *Multiple* sont choisies dans la zone *Interligne*, il est nécessaire d'introduire une valeur (en points) dans la zone de saisie *De*.

Figure 5.14 : définition d'un interligne plus important dans un paragraphe.

5.4. Ajouter bordures et trames de fond

Pour attirer l'attention du lecteur, vous pouvez ajouter des bordures, des traits horizontaux ou verticaux et des trames de fond sur n'importe quel paragraphe d'un document ou sur la totalité de la page.

Toutes les options de construction des bordures et des trames se trouvent réunies dans la boîte de dialogue *Bordure et trame* qui s'affiche à l'écran dès que vous exécutez la commande *Format/Bordure et trame*.

Insérer des bordures

Pour insérer rapidement une bordure, vous pouvez également utiliser l'icône *Bordure extérieure* de la barre d'outils *Mise en forme*. En cliquant sur la flèche de l'icône, Word 97 propose les différentes possibilités d'ajouter un ou plusieurs traits au paragraphe (voir la figure 5.15).

Les bordures s'insèrent autour du paragraphe ou du bloc de texte sélectionné et s'étendent toujours de la marge gauche à la marge droite si la fin de paragraphe fait partie du bloc sélectionné. Sur un titre centré, vous devez déplacer les marges gauche et droite pour ne pas voir s'étendre la bordure sur la totalité de la page ou ne sélectionner que les caractères du titre sans le symbole de fin de paragraphe.

Par défaut, la distance entre le texte encadré et la bordure est de 1 point (plus ou moins 0,3759 mm) mais cette valeur peut être modifiée via la boîte de dialogue *Options de bordure et trame*.

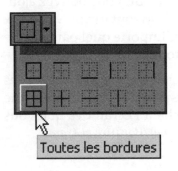

Figure 5.15 : l'icône Bordure extérieure permet d'ajouter des traits autour du texte sélectionné.

Pour encadrer un titre centré

1. Sélectionnez le titre, le symbole de fin de paragraphe y compris. Si vous voulez que la bordure n'entoure que le texte, sélectionnez le titre sans le symbole de fin de paragraphe.

2. Cliquez sur la flèche de l'icône *Bordure extérieure*.

3. Choisissez l'option *Bordure extérieure* pour entourer le titre.

4. Utilisez les indicateurs de retraits gauche et droit pour diminuer la longueur totale de la bordure (voir la figure 5.16).

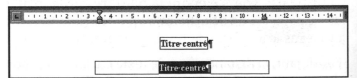

Figure 5.16 : pour le premier titre, la bordure entoure le texte (le symbole de fin de paragraphe n'a pas été sélectionné).

Pour placer une bordure verticale

1. Sélectionnez les paragraphes pour lesquels une bordure gauche verticale doit être ajoutée.

2. Cliquez sur l'icône *Bordure extérieure* de la barre d'outils *Mise en forme*.

3. Choisissez l'option *Bordure gauche* pour insérer la bordure devant les paragraphes sélectionnés.

4. Pour que le trait vertical se place exactement en dessous du titre, effectuez un retrait gauche de 0,5 cm.

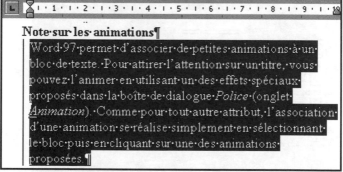

Figure 5.17 : la bordure verticale gauche se place directement à partir de l'option correspondante dans la barre d'outils Mise en forme. Un retrait gauche de 0,5 cm est effectué pour placer la barre verticale dans l'alignement du titre.

Le placement d'une bordure s'effectue rapidement à l'aide de l'icône *Bordure extérieure*. Vous pouvez également utiliser la boîte de dialogue *Bordure et trame*. Celle-ci permet notamment de choisir différents types de bordures (*Ombre*, *3D*, *Personnalisé*), le style de traits, leur couleur et leur épaisseur.

Pour placer une bordure personnalisée

1. Cliquez dans le paragraphe pour lequel une bordure personnalisée doit être ajoutée.

2. Exécutez la commande *Format/Bordure et trame* pour afficher la boîte de dialogue correspondante.

3. Dans la colonne *Type*, cliquez sur l'option *Personnalisé*.

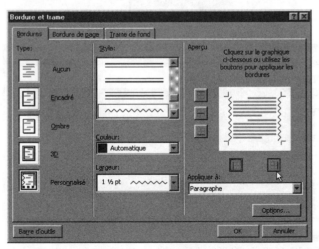

Figure 5.18 : la boîte de dialogue Bordure et trame doit être utilisée lorsque vous désirez créer des traits spéciaux.

4. Définissez la bordure en sélectionnant le style, la couleur et la largeur.

5. Cliquez sur les boutons de traits dans la colonne *Aperçu* comme indiqué sur la figure 5.18.

6. Validez en appuyant sur le bouton *OK* pour faire disparaître la boîte *Bordure et trame* et pour faire apparaître les traits sur le paragraphe sélectionné.

Note·sur·le·point¶

Word·97·utilise·l'unité·*point*·pour·indiquer·l'espace·entre· deux·paragraphes·(ou·entre·deux·lignes).·Le·point·vaut· 0,3759·mm·et·les·caractères·mesurent·habituellement·entre· 6·et·84·points.·Si·vous·utilisez·les·flèches·pour·modifier·la· valeur·de·l'espace·entre·les·paragraphes,·vous·verrez·que· Word·97·affiche·des·valeurs·multiples·de·6.¶

Figure 5.19 : application des bordures personnalisées créées sur la figure 5.18.

Pour modifier la distance entre le texte et le trait

1. Cliquez dans le paragraphe pour lequel la distance entre la bordure et la limite du texte doit être modifiée.

2. Exécutez la commande *Format/Bordure et trame* pour afficher la boîte de dialogue correspondante.

3. Cliquez sur le bouton *Options* pour afficher la boîte de dialogue *Options de bordure et trame*.

4. Pour augmenter la distance entre le texte et les traits, introduisez des valeurs plus grandes dans les zones de saisies *Haut*, *Bas*, *Gauche* et *Droite* de l'option *Distance du texte*. Attention, ces valeurs ont pour unité le *point* (0,3759 mm).

5. Validez en appuyant une première fois sur le bouton *OK* pour faire disparaître la boîte de dialogue *Options de bordure et trame* et une seconde fois pour faire disparaître la boîte *Bordure et trame* et pour visualiser les modifications apportées à l'espace entre la bordure et le paragraphe concerné.

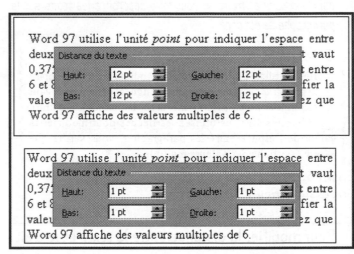

Figure 5.20 : modification de la distance entre les traits et la limite du texte via la boîte de dialogue Options de bordure et trame.

Pour encadrer une page avec un motif

Word 97 propose une série de motif spéciaux pour encadrer la page complète. Dans ce cas précis, il est inutile de sélectionner l'ensemble de la page, il suffit de placer le curseur dans le texte.

1. Cliquez à un endroit quelconque de la page pour y positionner le texte.

2. Exécutez la commande *Format/Bordure et trame* pour afficher la boîte de dialogue correspondante.

3. Cliquez sur l'onglet *Bordure de page* ; Word 97 ajoute l'option *Motif*.

4. Cliquez sur la flèche pour dérouler la liste et choisissez un motif. Vous pouvez voir le résultat dans la zone *Aperçu*.

5. Terminez l'opération en cliquant sur le bouton *OK*.

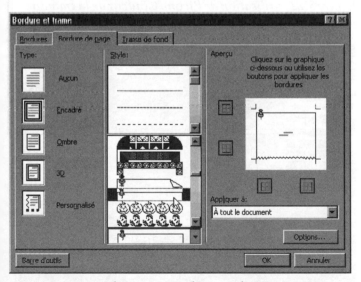

Figure 5.21 : Word 97 propose des motifs spéciaux pour encadrer les pages d'un document.

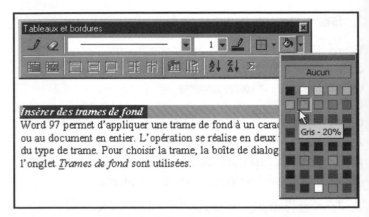

Figure 5.22 : utilisation de l'icône Couleur de la trame de fond pour appliquer une trame à un texte.

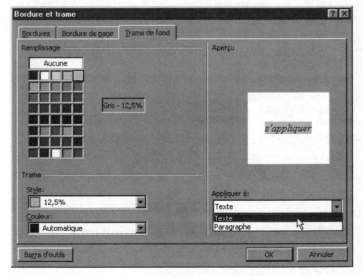

Figure 5.23 : la trame peut s'appliquer au paragraphe complet ou aux caractères sélectionnés.

Insérer des trames de fond

Word 97 permet d'appliquer une trame de fond à un caractère, un mot, un paragraphe ou au document en entier. L'opération se réalise en deux temps : sélection puis choix du type de trame. Pour choisir la trame, la boîte de dialogue *Bordure et trame* et l'onglet *Trames de fond* sont utilisées.

Pour plus de facilité, vous pouvez afficher la barre d'outils *Tableaux et bordures* et utiliser l'icône *Couleur de la trame de fond* comme indiqué sur la figure 5.22.

Pour choisir une trame

1. Sélectionnez le bloc pour lequel la trame doit être appliquée.

2. Exécutez la commande *Format/Bordure et trame* pour afficher la boîte de dialogue correspondante.

3. Cliquez sur l'onglet *Trames de fond* pour faire apparaître les options.

4. Choisissez la couleur en cliquant sur un des rectangles correspondant dans la zone *Remplissage*.

5. Vous pouvez choisir le style de trame via la liste déroulante *Style*.

6. Si vous voulez appliquer la trame à l'ensemble du paragraphe, choisissez l'option *Paragraphe* dans la liste *Appliquer à*. Par contre, si vous n'avez sélectionné qu'un mot et que vous voulez que la trame de fond ne s'applique qu'à ce seul mot, vérifiez que l'option *Texte* est présente dans la zone *Appliquer à*.

5.5. Travailler avec les tabulations

Les tabulations sont des caractères non imprimables permettant d'aligner des éléments de texte en colonne. La tabulation est un espace d'une longueur déterminée obtenue par la pression de la touche *Tabulation* et visible à l'écran sous la forme d'une flèche. Attention, pour voir les caractères de tabulations, il faut afficher les caractères non imprimables en cliquant sur l'icône *Afficher/Masquer* ¶.

Par défaut, Word 97 positionne des tabulations sur toute la largeur du document, tous les 1,27 cm. Bien entendu, ces tabulations par défaut sont automatiquement supprimées lorsque vous en définissez de nouvelles. Word 97 permet de définir quatre type de tabulation: aligné à gauche, centré, aligné à droite et aligné sur le séparateur décimal (exclusivement destiné aux colonnes de chiffres).

Pour définir un taquet de tabulation, la technique la plus simple consiste à utiliser la règle horizontale de la fenêtre document. Le choix du type de tabulation s'opère en cliquant sur le bouton *Tabulation* à l'extrémité gauche de la règle horizontale. Par défaut, Word 97 affiche toujours l'option *tabulation gauche* . En cliquant une première fois, le symbole se transforme en *tabulation centrée* . Les clics successifs permettent de choisir les *tabulations droites* puis *décimales* .

Placer une tabulation se résume à cliquer sur la règle horizontale à l'endroit souhaité. A tout moment, vous pouvez déplacer le taquet sur la règle en cliquant, en maintenant le bouton gauche de la souris enfoncé, en déplaçant le pointeur de la souris et en relâchant le bouton à l'endroit voulu.

Pour supprimer un taquet, il suffit de cliquer sur le symbole dans la règle, de maintenir le bouton de la souris enfoncé, et de diriger le pointeur en dehors de la règle. Relâcher le bouton de la souris fait disparaître le symbole.

Si vous voulez définir des tabulations à des valeurs plus précises, il faut obligatoirement passer par la boîte de dialogue *Tabulations* qui s'affiche à l'écran dès que vous exécutez la commande *Format/Tabulations*.

Pour définir des tabulations

1. Entrez la valeur exacte dans la zone de saisie *Position*.

2. Choisissez un type de tabulation en cliquant sur une des options *Alignement*.

3. Cliquez sur le bouton *Définir*.

4. Vous pouvez entrer une nouvelle tabulation dans la zone *Position* et cliquer à nouveau sur le bouton *Définir*.

5. Une fois tous les taquets définis, cliquez sur le bouton *OK* pour faire disparaître la boîte de dialogue *Tabulations* et revenir au document.

Bien entendu, les tabulations définies ne concernent que les paragraphes sélectionnés. Si vous désirez des tabulations pour plusieurs paragraphes, définissez-les avant de saisir le texte et, à chaque fois que vous appuierez sur la touche *Return*, Word 97 transférera la définition des tabulations au paragraphe suivant.

NOTE SUR LES TABLEAUX

Attention, si vous devez créer plusieurs colonnes de texte ou de chiffre, il est souvent plus intéressant d'utiliser l'outil *tableau* que les taquets de tabulations. Consultez le chapitre 8 pour étudier les différentes méthodes de création des tableaux.

Pour définir des tabulations

Le but de cette procédure est de créer un tableau simple comportant trois colonnes (voir la figure 5.24).

1. Entrez le texte et les chiffres séparés par une seule tabulation entre chaque colonne. Ne vous souciez pas, pour l'instant, du mauvais alignement des colonnes

2. Appuyez sur *Maj+Return* chaque fois que vous devez entrer une nouvelle ligne. Ces touches permettent de passer à la ligne sans changer de paragraphe. L'ensemble des lignes du tableau constitueront un seul paragraphe. La définition des tabulations ne se

fera que pour une seule ligne du tableau mais s'appliquera à toutes les lignes.

3. Au dernier élément de la dernière ligne, appuyez sur la touche *Return*.

4. Positionnez le curseur clignotant sur un mot d'une des colonnes.

5. Cliquez sur le symbole à l'extrémité gauche de la règle horizontale pour afficher la tabulation centrée.

6. Cliquez sur la règle au-dessus de la valeur 4 pour insérer une tabulation centrée.

7. Cliquez deux fois sur le symbole à l'extrémité gauche de la règle pour afficher la tabulation décimale.

8. Cliquez sur la règle au-dessus de la valeur 9 pour insérer une tabulation décimale.

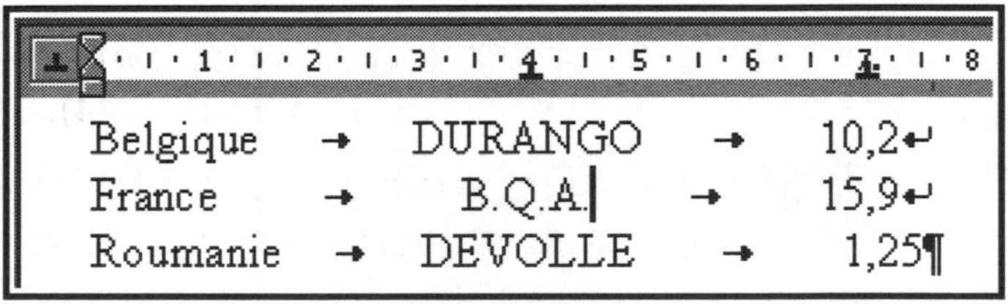

Figure 5.24 : le placement des tabulations s'effectue directement via la règle horizontale.

Pour ajouter des points de suite

1. Entrez les différentes lignes en séparant le texte du chiffre d'une seule tabulation.

2. Cliquez sur les touches *Maj+Return* pour passer à la ligne suivante.

3. Au dernier numéro de page de la dernière ligne, appuyez sur la touche *Return*.

4. Placez le curseur clignotant sur un mot et exécutez la commande *Format/Tabulations* pour afficher la boîte de dialogue *Tabulations*.

5. Dans la zone de saisie *Position*, entrez le nombre 6.

6. Cliquez sur le bouton *Droite* dans l'option *Alignement*.

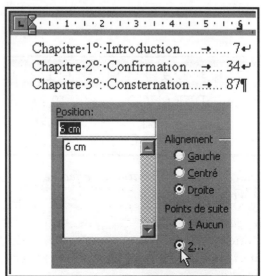

Figure 5.25 : introduction de points de suite avec les tabulations.

7. Cliquez sur le bouton *2...* dans l'option *Points de suite*.

8. Cliquez sur le bouton *Définir* pour valider l'opération.

9. Cliquez sur le bouton *OK* pour voir le résultat.

5.6. Définir le format des pages

A chaque fois que vous créez un nouveau document, la première chose à faire est de définir la taille des pages, l'orientation et les dimensions des différentes marges. Bien entendu, dans la majorité des cas, vous utilisez les valeurs par défaut proposées par Word 97. A tout moment, il est très facile de changer la mise en page via la boîte de dialogue *Mise en page*. Attention, toutefois, que le changement de mise en page peut désorganiser la mise en forme des différents paragraphes.

Pour choisir une mise en page, exécutez la commande *Fichier/Mise en page*. Dans la boîte de dialogue *Mise en page* qui s'affiche, vous définissez les options suivantes.

Définition des marges des pages

Cliquez sur l'onglet *Marges* de la boîte de dialogue. Vous avez le choix des différentes marges dans les zones de saisie *Haut*, *Bas*, *Gauche* et *Droite*. Vous pouvez également indiquer la distance (par rapport aux bords inférieur et supérieur) de placement des pieds et des en-tête de pages. Enfin, vous pouvez indiquer à Word 97 de gérer le document tel que les pages soient en vis-à-vis :cochez la case *Pages en vis-à-vis*. A tout moment, le traitement de texte donne un aperçu des différentes options sélectionnées.

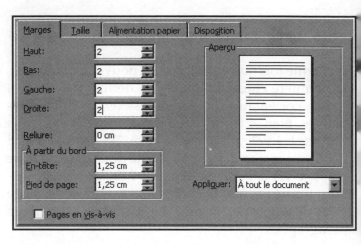

Figure 5.26 : définition des marges pour toutes les pages du document.

Dans le document, les marges peuvent également être modifiées grâce aux règles horizontales et verticales. Il suffit de positionner le pointeur de la souris sur la limite entre la zone ombrée de la règle et la zone blanche. Le curseur se change en une flèche bidirectionnelle. Cliquez, maintenez le bouton de la souris enfoncé et déplacez le pointeur pour changer la taille de la marge.

En appuyant sur la touche *Alt* lorsque le pointeur est changé en flèche, Word 97 affiche instantanément les dimensions en centimètres des marges et de la zone où le texte s'inscrit sur la page.

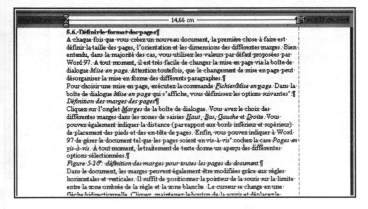

Figure 5.27 : affichage des dimensions de la page avec la souris et la touche Alt.

Définition du papier et de l'orientation

Cliquez sur l'onglet <u>T</u>aille. Dans la liste *Format du papier*, Word 97 propose plusieurs types de papier. Sélectionnez le papier qui vous intéresse en cliquant simplement sur une des valeurs proposées. Par défaut, Word 97 propose le papier A4 (21 x 29,7 cm). Il vous est possible de choisir un papier tout à fait personnalisé ; dans ce cas, entrez directement la largeur et la longueur du papier (en centimètres) dans les zones de saisie correspondantes.

Pour ce qui concerne l'orientation, cliquez sur un des deux boutons *Portrait* ou *Paysage*.

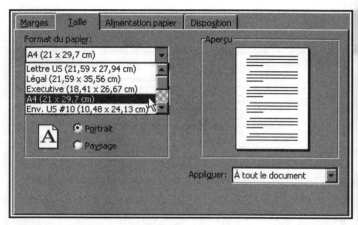

Figure 5.28 : définition du papier et de l'orientation.

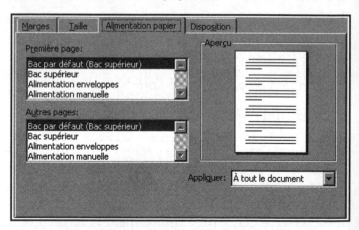

Figure 5.29 : choix de l'alimentation du papier dans l'imprimante.

Définition de l'alimentation du papier

Cliquez sur l'onglet *Alimentation papier*. Choisissez l'endroit où se trouve le papier dans l'imprimante. Word 97 propose des alimentations différentes pour la première page du document, ceci afin de sortir la couverture sur un papier plus épais par exemple.

Définition de l'alignement vertical

Cliquez sur l'onglet *Disposition*. Dans la liste déroulante *Alignement vertical*, choisissez le type d'alignement. Si l'option choisie est *Haut*, Word 97 place le texte normalement vers le haut de la page. Avec l'option *Centré*, le texte est positionné au centre de la page. Avec l'option *Justifié*, Word 97 insère automatiquement des lignes blanches pour que le texte prennent la totalité de la page.

La liste déroulante *Début de section* permet de définir comment Word 97 doit gérer les nouvelles sections. Vous pouvez par exemple lui indiquer que toute nouvelle section définie doit absolument commencer sur une nouvelle page.

NOTE SUR LES SECTIONS

Les sections sont des parties d'un document définies par l'utilisateur afin d'y appliquer des mises en formes différentes. Pour plus de renseignements sur cette notion, consultez le paragraphe *5.7. Créer des sections*.

Word 97 permet de numéroter automatiquement toutes les lignes d'un document. Pour cela, cliquez sur le bouton *Numérotation des lignes*. Word 97 affiche une nouvelle boîte de dialogue dans laquelle il suffit de cliquer sur la case *Ajouter la numérotation* pour voir apparaître les numéros de lignes. Attention, ceux-ci ne sont pas visibles avec l'affichage *normal*.

Enfin, vous pouvez déterminer deux options supplémentaires pour les pieds de pages et en-têtes. Ceux-ci peuvent être différents sur les pages paires et impaires et sur la première page du document.

5.7. Créer des sections

Les sections permettent de diviser un document pour lui associer des mises en formes différentes. Au départ, le document correspond à une seule section et possède la mise en forme par défaut ou celle que vous avez définie avec les commandes de format des pages. Si vous voulez définir des marges différentes sur deux pages d'un document par exemple, il faut nécessairement introduire une nouvelle section pour ces deux pages.

Grâce à l'ajout de sections, vous pourrez définir des mises en formes différentes et modifier les caractéristiques suivantes : le format des pages (dimension, orientation et marges), le type de numéros de pages et leur position, l'alignement vertical, le nombre de colonnes, les en-têtes et les pieds de pages et la numérotation des lignes.

L'ajout d'une nouvelle section se fait en exécutant la commande *Insertion/Saut* et en choisissant une des options de la zone *Saut de section* dans la boîte de dialogue *Saut*. Word 97 crée automatiquement une nouvelle section et le matérialise sur la page en affichant une double ligne en pointillé sur laquelle les mots *Saut de section* sont inscrits.

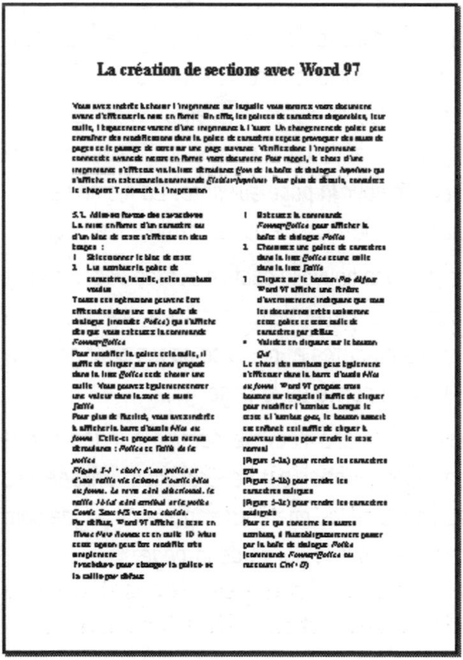

La création de sections avec Word 97

Figure 5.30 : le titre est placé sur une seule colonne, tandis que l'article est rédigé sur deux colonnes, Word 97 permet ces deux mises en forme différentes sur la même page grâce aux deux sections définies : l'une pour le titre, l'autre pour le reste de l'article.

Pour ajouter une nouvelle section

1. Placez le curseur clignotant à l'endroit d'insertion de la nouvelle section.

2. Exécutez la commande *Insertion/Saut* pour afficher la boîte de dialogue *Saut*.

3. Dans la zone *Saut de section*, choisissez une des options suivantes :

   Page suivante : pour insérer une nouvelle section à la page suivante.

   Continu : pour insérer une nouvelle section sur la même page. Cette option a été utilisée dans le document de la figure 5.31 pour placer le texte sur des colonnes différentes sur la même page. Attention, si vous voulez des en-têtes différents, Word 97 utilisera l'en-tête défini pour la section précédente sur la page et l'entête de la nouvelle section pour la page suivante. La même remarque doit être formulée pour le type de numérotation des pages.

   Page paire : pour insérer une nouvelle section sur les pages paires uniquement. Cette option est généralement utilisée lors de la conception d'ouvrages où les en-têtes et pieds de pages sont généralement différents suivant la parité de la page.

   Page impaire : pour insérer une nouvelle section sur les pages impaires du document. Cette option est généralement utilisée lors de la conception d'ouvrages où les en-têtes et pieds de pages sont généralement différents suivant la parité de la page.

4. Cliquez sur le bouton *OK* pour insérer le saut de section. Word 97 ajoute une double ligne en pointillés avec les mots *Saut de section* et le type de saut utilisé. De plus, il indique la présence d'une nouvelle section dans la barre d'état (voir la figure 5.32).

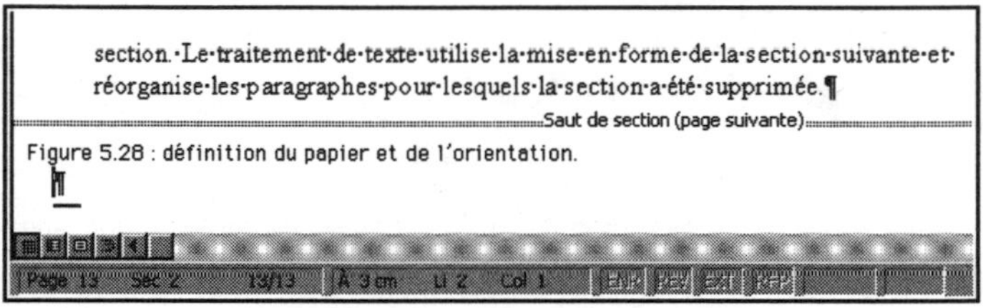

section. Le traitement de texte utilise la mise en forme de la section suivante et réorganise les paragraphes pour lesquels la section a été supprimée. ¶
═══════════════════════Saut de section (page suivante)═══════════════════════
Figure 5.28 : définition du papier et de l'orientation.

Figure 5.31 : la présence d'une nouvelle section est signalée dans la barre d'état.

Pour supprimer un saut de section

1. Placez le curseur sur la double ligne en pointillé représentant le saut de section.

2. Appuyez sur la touche *Suppr* pour supprimer le saut. Attention, la suppression du saut provoque également la suppression de la mise en forme définie dans la section. Le traitement de texte utilise la mise en forme de la section suivante et réorganise les paragraphes pour lesquels la section a été supprimée.

Travailler avec les styles et les modèles

Introduction
Créer des styles
Associer un style à un paragraphe
Gérer les styles
Travailler avec un modèle

6.1. Introduction

Le style est un ensemble de caractéristiques de mises en formes portant un nom précis et pouvant être appliqué en une seule opération à un paragraphe ou à un texte. Pour chaque nouveau style, vous pouvez définir les caractéristiques suivantes :

● *Police* pour choisir une police de caractères, une taille et les différents attributs (gras, italiques, etc.);

● *Paragraphe* pour déterminer l'alignement, l'espace avant/après et l'interligne;

● *Tabulations* pour définir des taquets de tabulations;

● *Bordure* pour encadrer les paragraphes ;

● *Langue* pour choisir une langue (pour le vérificateur orthographique);

● *Cadre* pour définir des cadres pour les images;

● *Numérotation* pour choisir un style de numérotation pour les listes.

L'intérêt évident des styles est qu'il suffit de définir une seule fois toutes ces caractéristiques, d'attribuer un nom au style pour ensuite l'associer en une seule opération à tous les paragraphes d'un document.

Vous n'êtes pas satisfait d'un style, il suffit de modifier une caractéristique pour la voir se modifier dans tous les paragraphes auxquels ce style a été attribué.

Word 97 gère deux types de styles : les styles de paragraphe et de texte. Les premiers s'appliquent à l'ensemble du texte du paragraphe tandis que les deuxièmes ne concernent que les caractères sélectionnés d'un mot ou d'un bloc de texte.

Pour les styles de texte, l'utilisateur ne peut définir que les caractéristiques suivantes : *Police*, *Bordure* et *Langue*.

Attribuer un style défini à un paragraphe est très simple à réaliser. Il suffit de cliquer dans le paragraphe et de choisir le style dans la liste *Style* de la barre d'outils *Mise en forme*.

Les styles sont gérés (créés, modifiés et supprimés) dans la boîte de dialogue *Style* qui s'affiche à l'écran dès que vous exécutez la commande *Format/Style*.

Pour accélérer le travail d'application de styles, Word 97 permet d'associer des raccourcis au style de sorte qu'il suffit d'appuyer sur les touches correspondantes pour associer un style à un paragraphe.

6.2. Créer des styles

La création d'un nouveau style s'effectue de la manière suivante :

- Attribuer un nom au style (ex : *Titre Niv. 1* ou *Légende*).
- Indiquer le type de style (*de paragraphe* ou *de texte*).
- Définir les caractéristiques de mise en forme (*Police*, *Paragraphe*, etc.).

Word 97 permet de définir d'autres options supplémentaires détaillées dans la suite de ce chapitre. Mais pour l'instant, ces trois opérations suffisent pour créer un nouveau style.

L'exemple indiqué ci-après permet de créer un style intitulé *Titre Niv. 1* pour les titres d'un document. Les caractéristiques à définir sont les suivantes :

- *Police de caractère* : Times New Roman - taille : 18 - attribut : Gras.
- *Paragraphe* : espace après 3 cm - enchaînement : saut de page avant.
- *Bordure* : type Ombré - largeur 1 pt - appliquer à texte.

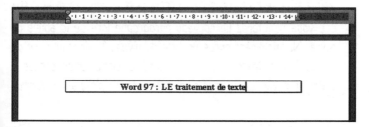

Figure 6.1 : les caractéristiques de mise en forme du style Titre Niv. 1 appliquées à un paragraphe.

Pour créer le style *Titre Niv. 1*

1. Exécutez la commande *Format/Style* pour afficher la boîte de dialogue *Style*.

2. Cliquez sur le bouton *Nouveau* pour afficher la boîte de dialogue *Nouveau style* dans laquelle vous pouvez définir le nouveau style.

3. Dans la zone de saisie *Nom*, entrez le nom du style : *Titre Niv. 1*.

4. Dans la zone de saisie *Type de style*, laissez l'option *Paragraphe* puisque les caractéristiques doivent s'appliquer sur tout le titre.

5. Dans la zone de saisie *Basé sur*, laissez le nom *Normal*. Cette option signale que Word 97 se base sur ce style prédéfini pour créer *Titre Niv. 1*. *Normal* est le style par défaut utilisé par le traitement de texte à chaque fois que vous commencez un nouveau document.

6. Dans la zone de saisie *Style du paragraphe suivant*, Word 97 place automatiquement le nom attribué au nouveau style. Cette option permet d'indiquer à Word 97 le style à utiliser à chaque fois que vous débuterez un nouveau paragraphe lors de la saisie du texte. Normalement après un titre de niveau 1, vient un titre de niveau 2 ou du texte. Il faudra donc modifier cette option lorsque le style *Titre Niv. 2* sera créé ou directement choisir le style *Normal*.

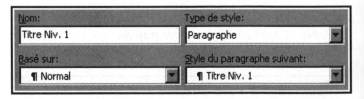

Figure 6.2 : les différentes zones de saisie pour créer le nouveau style Titre Niv. 1.

7. Cliquez sur le bouton *Format* pour dérouler un menu comportant les commandes définissant les caractéristiques de mise en forme pour le style.

8. Sélectionnez la commande *Police* pour afficher la boîte de dialogue *Police* et choisir les caractéristiques typographiques.

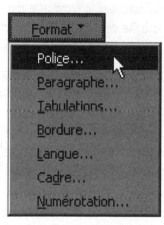

Figure 6.3 : les caractéristiques de mise en forme se définissent via les commandes du menu déroulant Format*.*

9. Dans la zone *Taille*, entrez la valeur 18.

10. Dans la colonne *Style*, sélectionnez l'option *Gras*.

11. Validez le choix des attributs en cliquant sur le bouton *OK*. Word 97 supprime la boîte de dialogue *Police*.

12. Cliquez à nouveau sur le bouton *Format* et sélectionnez la commande *Paragraphe* pour que Word 97 affiche la boîte de dialogue *Paragraphe*.

13. Dans le menu *Alignement*, sélectionnez l'option *Centré*.

14. Dans la zone *Espacement Après*, entrez la valeur 3 (cm).

15. Cliquez sur l'onglet *Enchaînements* et cochez la case *Saut de page avant* pour que Word 97 place automatiquement le titre de niveau 1 sur une nouvelle page.

16. Validez les options de paragraphe en cliquant sur le bouton *OK*.

17. Cliquez sur le bouton *Format* et sélectionnez la commande *Bordure* pour que Word 97 affiche la boîte de dialogue *Bordure et trame*.

18. Cliquez sur la zone *Ombre* dans la colonne *Type* puis sélectionnez une *Largeur* égale à 1 pt.

19. Validez les options de bordures en cliquant sur le bouton *OK*.

20. Terminez la définition du style en cliquant sur la touche *Touches de raccourci*, Word 97 affiche la boîte de dialogue *Personnaliser le clavier*.

21. Cliquez dans la zone *Nouvelles touches de raccourci* et appuyez sur *Maj+Ctrl+1* pour attribuer ce raccourci au style *Titre Niv. 1*. Attention, vérifiez que le message *Affectées à [non attribuée]* s'affiche en dessous de la zone.

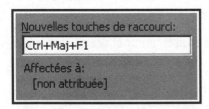

Figure 6.4 : définition d'un raccourci pour le style.

22. Cliquez sur le bouton *Attribuer* pour valider l'opération.

23. Cliquez sur le bouton *Fermer* pour supprimer la boîte de dialogue *Personnaliser le clavier*.

24. Dans la boîte *Nouveau style*, cliquez sur le bouton *OK* pour valider la création du nouveau style.

25. Votre premier style est créé, Word 97 affiche toutes les informations et caractéristiques comme indiqué sur la figure 6.5.

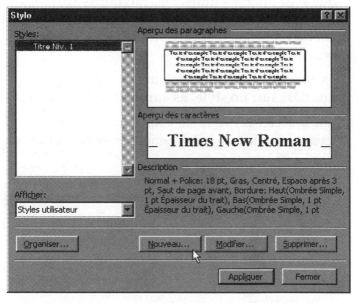

Figure 6.5 : création d'un nouveau style, Word 97 indique toutes les caractéristiques de mise en forme.

6.3. Associer un style à un paragraphe

Tous les nouveaux styles créés sont introduits automatiquement dans la liste déroulante *Style* de la barre d'outils *Mise en forme*. Pour associer un style à un paragraphe, il suffit de cliquer sur la flèche de la liste et de choisir le nom en cliquant dessus. Word 97 transforme directement le paragraphe dans lequel se trouve le curseur en appliquant les différentes mises en forme définies dans le style. Pour plus de rapidité, vous avez intérêt à utiliser les raccourcis attribués au style. L'attribution du style s'effectue en cliquant dans le paragraphe et en appuyant sur les touches correspondant au raccourci.

Si vous sélectionnez plusieurs paragraphes et que vous désignez un style, ils auront tous le style choisi.

Pour associer un style de texte à un ou plusieurs caractères, il suffit de les sélectionner et de cliquer sur

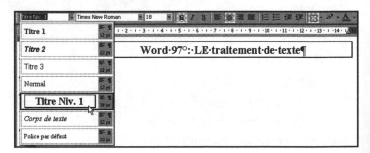

Figure 6.6 : le choix d'un style s'effectue via la liste Style de la barre d'outils Mise en forme

le nom dans la liste *Style*. Word 97 modifie les attributs des caractères sélectionnés ; il n'applique pas le style sur tout le paragraphe.

Dans la liste des styles de la barre d'outils *Mise en forme*, Word 97 fait apparaître les styles de paragraphe avec le symbole ¶ et les styles de texte avec le symbole **a**.

A tout moment, vous pouvez connaître le style attribué à un paragraphe en regardant le nom affiché dans la zone de saisie de la liste *Style*. En mode d'affichage *Normal*, vous pouvez également faire apparaître une zone dans la marge gauche où Word 97 affiche tous les styles en regard de chaque paragraphe. Pour cela, il faut nécessairement modifier une option d'affichage.

Pour afficher les styles dans la marge gauche

1. Placez-vous en mode d'affichage *Normal* en exécutant la commande *Affichage/Normal*.

2. Exécutez la commande *Outils/Options* pour afficher la boîte de dialogue *Options*.

3. Cliquez sur l'onglet *Affichage* et entrez une valeur (2 cm par exemple) dans la zone de saisie *Largeur de la zone de style*. Cette valeur correspond à la largeur réservée par Word 97 pour afficher les noms des styles dans la marge gauche.

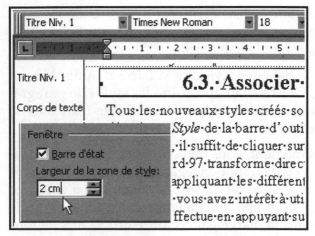

Figure 6.7 : affichage des noms de style dans la marge gauche en mode Nor<u>m</u>al.

Pour changer le style associé à un paragraphe, il suffit de cliquer sur le nouveau nom dans la liste *Style* de la boîte de dialogue *Mise en forme*. Word 97 oublie le style précédent pour attribuer les mises en forme correspondant au nouveau choix.

Si vous ne retrouvez pas le nom du style créé dans la liste, maintenez la touche *Maj* enfoncée et cliquez sur la flèche de la liste *Style* ; le nom apparaîtra.

6.4 Gérer les styles

Modifier les caractéristiques d'un style

A tout moment, vous pouvez décider de modifier les caractéristiques d'un style. Pour cela, il suffit de sélectionner le style dans la boîte de dialogue *Style* et de cliquer sur le bouton *Modifier*. Word 97 affiche la boîte de dialogue *Modifier le style* qui est identique à celle utilisée pour créer un nouveau style.

Pour changer le style *Titre Niv. 1*

1. Exécutez la commande *Format/Style* pour afficher la boîte de dialogue *Style*.

2. Sélectionnez le style *Titre Niv. 1* dans la liste *Styles*.

3. Cliquez sur le bouton *Modifier* pour afficher la boîte de dialogue *Modifier le style*.

4. Cliquez sur le bouton *Format* pour afficher les caractéristiques à modifier.

5. Si vous voulez changer la taille des caractères, sélectionnez *Police* par exemple.

6. Effectuez les changments dans le style.

7. Validez les modifications en cliquant sur le bouton *OK* puis sur le bouton *Fermer*. Automatiquement, Word 97 modifie tous les paragraphes de style *Titre Niv. 1*.

Si vous apportez des modifications à un paragraphe ou à un texte sélectionné auquel un style est associé, vous pouvez demander à Word 97 de modifier le style de façon à refléter les changements. Cette fonctionnalité n'est possible que si vous avez coché la case *Mettre à jour automatiquement* pour le style. La procédure suivante permet d'activer cette option, mais attention, toute modification entraînera le changement dans les caractéristiques du style. De plus la modification d'un style entraîne des modifications dans tous les styles sur lesquels ils sont basés. En effet, si vous basez la construction d'un style *Légende* sur *Normal* et que vous modifiez la taille de la police de caractères de ce dernier, Word 97 modifie également la taille de la police du style *Légende*.

Pour mettre à jour automatiquement un style

1. Exécutez la commande *Format/Style* pour afficher la boîte de dialogue correspondante.

2. Sélectionnez le style pour lequel la fonctionnalité de mise à jour automatique doit être activée.

3. Cliquez sur le bouton *Modifier* pour afficher la boîte de dialogue *Modifier le style*.

4. Cliquez sur le bouton *Mettre à jour automatiquement* pour afficher une coche dans la case.

5. Validez l'opération en cliquant sur le bouton *OK* puis sur le bouton *Fermer*. A chaque fois que vous modifiez une caractéristique de mise en forme dans un paragraphe ayant ce style, Word 97 introduira cette modification comme nouvelle caractéristique pour le style.

Supprimer un style

Si vous décidez de supprimer un style, Word 97 attribue le style par défaut (*Normal*) à tous les paragraphes concernés. L'opération de suppression s'effectue dans la boîte de dialogue *Style*.

Pour supprimer un style

1. Exécutez la commande *Format/Style* pour afficher la boîte de dialogue *Style*.

2. Dans la liste *Styles*, sélectionnez le style à supprimer.

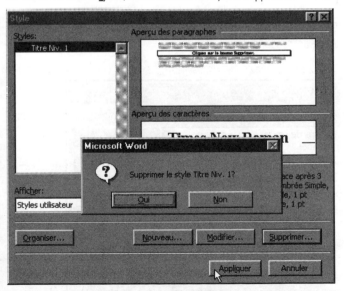

Figure 6.8 : suppression d'un style. Word 97 attribue automatiquement le style par défaut (Normal) à tous les paragraphes ayant le style supprimé.

3. Cliquez sur le bouton *Supprimer*.

4. Confirmez la suppression en cliquant sur le bouton *Qui* de la fenêtre d'avertissement.

Renommer un style

A tout moment, vous pouvez décider de changer le nom d'un style. La modification s'opère dans la boîte de dialogue *Organiser*.

Pour renommer *Titre Niv. 1* en *Titre Niveau 0*

1. Exécutez la commande *Format/Style* pour afficher la boîte de dialogue correspondante.

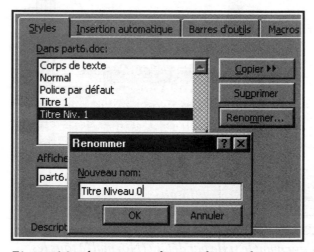

Figure 6.9 : changement de nom d'un style.

2. Cliquez sur le bouton *Organiser* pour afficher la boîte *Organiser*.

3. Dans la colonne de gauche, sélectionnez le style *Titre Niv. 1* et cliquez sur le bouton *Renommer*.

4. Dans la fenêtre qui apparaît à l'écran, entrez *Titre Niveau 0* et validez le changement de nom en cliquant sur le bouton *OK*.

5. Cliquez sur le bouton *Fermer* de la boîte de dialogue *Organiser* pour revenir au document.

Les styles prédéfinis et les styles utilisés

Word 97 possède une série de styles prédéfinis que vous pouvez modifier mais pas supprimer. Dès que vous créez un nouveau document à partir du modèle *Normal.dot* (modèle utilisé par défaut), Word 97 intè-

gre des styles prédéfinis dans la liste déroulante *Style*.

Lorsque vous utilisez un style prédéfini dans le document, Word 97 le place dans le sous-ensemble des styles *utilisés*. Lorsque vous créez un nouveau style, le traitement de texte l'intègre dans le sous-ensemble des styles *utilisateur*.

Figure 6.10 : les différents sous-ensembles de styles.

Pour visualiser les différents sous-ensemble, exécutez la commande *Format/Style* pour afficher la boîte de dialogue *Style* et cliquez sur la flèche de la liste déroulante *Afficher*.

6.5. Travailler avec un modèle

Le modèle est un fichier spécial pouvant contenir des éléments de texte, des styles, des barres d'outils personnalisées, des macro-commandes, des raccourcis clavier, et des insertions automatiques souvent utilisés. Plutôt que de créer tous ces éléments à chaque nouveau document, il suffit de les définir une seule fois dans le modèle et d'indiquer à Word 97 d'utiliser le modèle au moment de la création du document.

Par défaut, Word 97 se base sur le modèle *Normal.dot* lorsque vous créez un nouveau document. Après exécution de la commande *Fichier/Nouveau*, la boîte de dialogue *Nouveau* s'affiche et vous cliquez sur l'icône *Document vide* : c'est en fait le fichier *Normal.dot*. Pour vous en rendre compte, il suffit de cliquer droit sur l'icône et de sélectionner la commande *Propriétés* pour voir s'afficher le nom réel de *Document vide*.

Chaque fois que vous créez un nouveau modèle et l'enregistrez dans le dossier *Modèles*, Word 97 affiche l'icône correspondante dans la boîte de dialogue *Nouveau*. Il est donc très facile de créer un nouveau document sur la base d'un modèle.

Word 97 propose de nombreux modèles différents : pour les lettres et télécopies, pour les pages Web, pour les rapports et les publications. Pour choisir un modèle, il suffit de cliquer sur l'onglet correspondant dans la boîte de dialogue *Nouveau* et de double-cliquer sur l'icône voulue.

Créer un modèle

La manière la plus simple pour créer un modèle est de concevoir un document avec les styles voulus, les insertions automatiques et tous les autres éléments communs. Lors de l'enregistrement, il suffit d'indiquer à Word 97 que le document est un modèle et de choisir le dossier *Modèles* pour le faire apparaître en tant que modèle sous l'onglet *Général* de la boîte de dialogue *Nouveau*.

Pour créer un modèle

1. Exécutez la commande *Fichier/Nouveau* pour faire apparaître la boîte de dialogue *Nouveau*. Si vous utilisez l'icône *Nouveau* de la barre d'outils *Standard*, il faudra sauver le document en tant que modèle (voir les étapes 6, 7 et 8).

2. Cliquez sur le bouton *Modèle* dans la zone *Créer un nouveau*.

3. Cliquez sur le bouton *OK* pour valider la création d'un nouveau fichier modèle. Celui-ci sera basé sur le modèle standard *Normal.dot* mais vous pouvez choisir d'autres modèles en cliquant sur un des onglets de la boîte de dialogue *Nouveau* puis sur l'icône voulue.

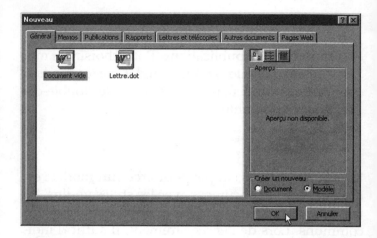

Figure 6.11 : création d'un modèle en se basant sur le modèle standard Normal.dot.

4. Une fois le document vierge affiché à l'écran, créez les styles, ajoutez le texte standard éventuel et définissez les différentes insertions automatiques.

5. Terminez la création en sauvant le modèle dans le dossier *Modèles* (le dossier exact correspond peut être à *\Program Files\Microsoft Office\Modèles* ; cela dépend de l'endroit d'installation du logiciel). De cette manière, vous verrez apparaître l'icône correspondant à ce modèle dans la boîte de dialogue *Nouveau* (lors de la création d'un nouveau document) sous l'onglet *Général*. Pour faire apparaître l'icône sous l'onglet *Rapports*, sauvez le modèle dans le dossier *\Modèles\Rapports*.

6. Si vous avez utilisé l'icône *Nouveau* de la barre d'outils pour créer le modèle, il faut absolument l'indiquer à Word 97 lors de la sau-

vegarde. Après exécution de la commande *Fichier/Enregistrer*, le traitement de texte affiche la boîte de dialogue *Enregistrer sous*.

7. Choisissez le dossier *Modèles* puis sélectionnez *Modèle de document (*.dot)* dans la liste déroulante *Type de fichier*.

8. Entrez un nom pour le modèle dans la zone *Nom de fichier* et validez l'enregistrement en cliquant sur le bouton *Enregistrer*.

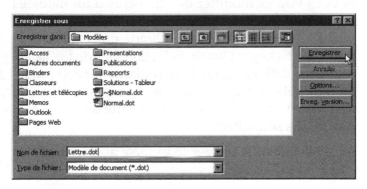

Figure 6.12 : enregistrement du modèle.

NOTE SUR LA CRÉATION DE MODÈLES

Si vous avez déjà saisi un document contenant les styles et autres éléments communs et que vous voulez créer un modèle à partir de ce document, vous pouvez tout simplement enregistrer ce document en tant que modèle. Exécutez la commande *Fichier/ Enregistrer sous* pour afficher la boîte de dialogue

Enregistrer sous. Dans la liste déroulante *Type de fi-chier*, sélectionnez *Modèle de document (*.dot)* et entrez un nom pour ce modèle. Validez la sauvegarde en cliquant sur le bouton *Enregistrer*.

Modifier un modèle

Si vous voulez modifier des éléments d'un modèle : style, insertion automatique, ou texte commun, exécutez la commande *Fichier/Ouvrir* pour afficher la boîte de dialogue *Ouvrir*. Sélectionnez *Modèle de document (*.dot)* dans la liste déroulante *Type de fichier*, puis double-cliquez sur le nom du modèle. Word 97 l'affiche à l'écran et vous pouvez opérer toutes les modifications souhaitées.

N'oubliez pas de sauver le modèle au moyen de la commande *Fichier/Enregistrer*.

Bien entendu, tous les documents déjà créés sur la base de ce modèle ne seront pas modifiés. Seuls les futurs documents bénéficieront de ces modifications.

Il est toutefois possible d'indiquer à Word 97 de modifier un document existant pour refléter des changements opérés sur un modèle. Pour cela, vous devez activer l'option *Mise à jour automatique des styles de document* dans la boîte de dialogue *Modèles et compléments*. Affichez cette boîte au moyen de la commande *Outils/Modèles et compléments* avant d'ouvrir le document.

Supprimer un modèle

La suppression d'un modèle s'effectue de la même manière qu'un document Word. Utilisez le menu contextuel dans la boîte de dialogue *Ouvrir* et sélectionnez la commande *Supprimer*. Word 97 affiche un message de confirmation et il suffit de cliquer sur le bouton *Oui* pour jeter le modèle à la corbeille.

Enrichir un modèle avec des styles d'un autre modèle

Word 97 possède un outil permettant de récupérer des styles (et tous les autres éléments communs en général : insertions automatiques, barres d'outils, etc.) définis dans un autre modèle ou dans un document basé sur un autre modèle.

La procédure indiquée ci-après indique les différentes étapes pour récupérer dans le modèle *Lettre.dot*, le style *Titre Niv. 1* défini dans le document *LettreAnne.doc* basé sur *Normal.dot*. La procédure pour récupérer les autres éléments est identique.

Pour récupérer un style

1. Ouvrez le document basé sur le modèle dont le style *Titre Niv. 1* doit être importé (commande *Fichier/Ouvrir*).

2. Exécutez la commande *Outils/Modèles et compléments* pour afficher la boîte de dialogue *Modèles et compléments*.

3. Cliquez sur le bouton *Organiser* pour afficher la boîte de dialogue *Organiser*.

4. Dans la colonne gauche se trouve le style à copier. Dans la colonne droite, cliquez sur le bouton *Fermer le fichier* pour choisir un autre modèle que *Normal.dot*.

5. Cliquez sur le bouton *Ouvrir le fichier* pour faire apparaître la boîte de dialogue *Ouvrir* puis sélectionnez le fichier modèle *Lettre.dot*.

6. Dans la colonne gauche, cliquez sur le style *Titre Niv. 1* puis cliquez sur le bouton *Copier* pour faire passer ce style dans la colonne droite ; celle correspondant aux styles du modèle *Lettre.dot*.

7. Cliquez sur le bouton *Fermer* ; Word 97 demande une confirmation d'enregistrement pour le modèle *Lettre.dot* modifié.

8. Cliquez sur le bouton *Oui* pour sauver les modifications apportées au modèle.

9. La prochaine fois que vous créerez un document basé sur le modèle *Lettre.dot*, il possédera le style *Titre Niv. 1*.

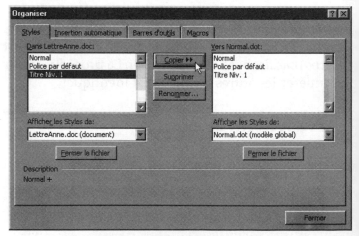

Figure 6.13 : la copie de style d'un document vers un modèle.

Utiliser un modèle prédéfini pour envoyer un fax

Word 97 propose un nombre important de modèles permettant de créer facilement des rapports, des mémos, des publications ou une lettre destinée à la télécopie. La procédure indiquée ci-après démontre la facilité avec laquelle il est possible de créer une lettre destinée à la télécopie.

Procédure pour créer un courrier destiné à la télécopie

1. Exécutez la commande *Fichier/Nouveau*. Word 97 affiche la boîte de dialogue *Nouveau*.

2. Cliquez sur l'onglet *Lettres et télécopies* pour afficher les différents modèles comme indiqué sur la figure 6.14.

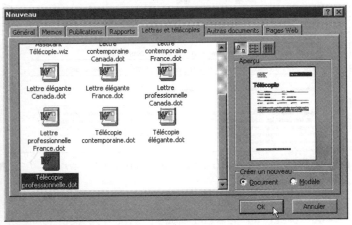

Figure 6.14 : les différents modèles prédéfinis pour les télécopies.

3. Double-cliquez sur *Télécopie professionnelle.dot*. Si vous cliquez une seule fois, vous pourrez voir un aperçu du modèle dans la zone *Aperçu* de la boîte de dialogue.

4. Word 97 affiche un nouveau document basé sur le modèle d'envoi de télécopies.

5. Vous pouvez entrer les différentes informations en cliquant sur les zones correspondantes. Word 97 remplace automatiquement les informations par le texte saisi au clavier.

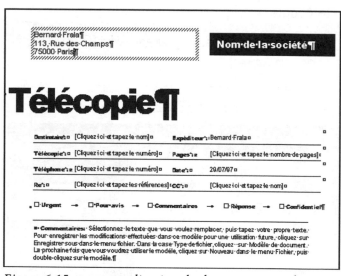

Figure 6.15 : personnalisation du document pour la télécopie.

6. Pour créer un nouveau modèle avec vos coordonnées préenregistrées, encodez toutes les informations qui vous concernent et sauvez le document comme un modèle.

7. Exécutez la commande *Fichier/Enregistrer* et choisissez *Modèle de document (*.dot)* pour l'option *Type de fichier*.

8. Attribuez un nom pour ce modèle : *MaTélécopieProfessionnelle.dot*.

9. Validez l'enregistrement en cliquant sur le bouton *Enregistrer*.

10. Si vous voulez que le nouveau modèle apparaisse avec tous les autres modèles de télécopies, recherchez le dossier *\Modèles\Lettres et télécopies* avant de cliquer pour la sauvegarde.

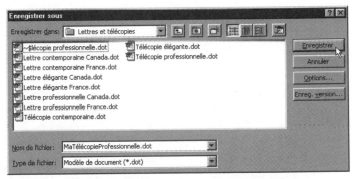

Figure 6.16 : enregistrement du nouveau modèle MaTélécopieProfessionnelle.dot dans le dossier des autres modèles prédéfinis de Word.

11. Pour le prochain envoi de télécopie, n'utilisez plus le modèle *Télécopie professionnelle.dot* mais *MaTélécopieProfessionnelle.dot*.

L'impression

Définir une imprimante
Configurer l'imprimante
L'aperçu avant impression
Imprimer un document
Envoyer une télécopie

7.1. Définir une imprimante

L'impression est la dernière étape dans la conception d'un document. On ne peut imaginer un texte introduit dans Word 97 sans pouvoir l'imprimer (sauf pour envoyer une télécopie).

Avant de pouvoir imprimer un document, il faut indiquer à Windows 95 l'imprimante connectée à l'ordinateur. Cette étape doit absolument être réalisée avec le concours de Windows 95, car lui seul gère les imprimantes ; Word 97 n'est pas impliqué dans cette procédure, il ne fait qu'utiliser une imprimante déjà installée.

Une fois le périphérique de sortie ajouté dans le système d'exploitation, Word 97 pourra l'utiliser pour effectuer toutes les impressions.

Pour installer une imprimante (1)

Cette procédure suppose que vous possédiez une imprimante pour laquelle vous ne disposez pas des pilotes récents. Ceux-ci correspondent à des fichiers généralement fournis sur disquette ou disponibles sur le réseau Internet. Normalement, à l'achat d'une imprimante, le fournisseur doit livrer des pilotes sur disquettes qu'il suffit d'introduire au moment de l'installation (voir la procédure n° 2).

1. Sur le bureau de Windows 95, double-cliquez sur l'icône *Poste de travail*.

2. Dans le dossier ouvert, double-cliquez sur le dossier *Imprimantes*.

3. Dans le dossier *Imprimantes*, double-cliquez sur l'icône *Ajout d'imprimante*. Windows 95 lance l'assistant d'installation d'une nouvelle imprimante.

4. Cliquez sur le bouton *Suivant>* de la première fenêtre affichée.

5. Dans la nouvelle fenêtre, choisissez l'option *Imprimante locale* puis cliquez sur le bouton *Suivant>*.

6. L'assistant fait apparaître deux colonnes contenant la liste des constructeurs et leurs imprimantes. Pour installer une imprimante laser HP II, cliquez sur HP dans la liste *Constructeurs* et sur *HP LaserJet Series II* dans la colonne *Imprimantes* (voir la figure 7.1). Cliquez sur le bouton *Suivant>* pour passer à la boîte de dialogue suivante.

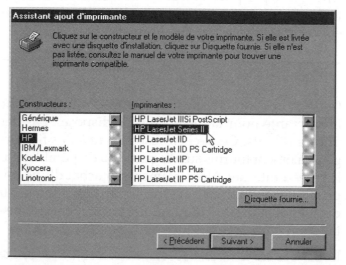

Figure 7.1 : le choix d'une imprimante s'effectue via le nom du constructeur et son type.

7. Dans la liste *Ports disponibles*, cliquez sur l'option *LPT1 : Port imprimante* pour indiquer à Windows 95 qu'il doit utiliser le port parallèle lors de l'impression (cas le plus fréquent). Cliquez sur le bouton *Suivant>*.

8. Dans la zone *Nom de l'imprimante*, entrez un nom en rapport avec la marque de l'imprimante.

9. Choisissez l'option *Oui* pour que Windows 95 utilise cette imprimante par défaut pour toutes les applications. Cliquez sur le bouton *Suivant>*.

Figure 7.2 : une fois l'imprimante installée, Windows 95 ajoute une icône dans le dossier Imprimantes, celle-ci permet de configurer l'imprimante.

10. La dernière étape consiste à imprimer une page de test. N'oubliez pas d'allumer le périphérique avant de cliquer sur l'option *Oui (recommandé)* et sur le bouton *Terminer*.

11. Une fois la page de test imprimée, l'installation est terminée et vous pouvez voir apparaître l'icône correspondant à la nouvelle imprimante dans le dossier *Imprimantes*.

Pour installer une imprimante récente (2)

Si l'imprimante connectée à l'ordinateur est récente (postérieure à la sortie de Windows 95), il est plus intéressant d'utiliser les pilotes fournis par le constructeur du périphérique que ceux du système d'exploitation.

Les points 1 à 5 sont identiques à ceux de la procédure n° 1. C'est au moment où l'assistant affiche la liste des constructeurs qu'il y a une petite différence.

6. L'assistant fait apparaître deux colonnes contenant la liste des constructeurs et leurs imprimantes. Prenez la disquette contenant les pilotes de votre nouvelle imprimante et insérez-la dans le lecteur.

7. Cliquez sur le bouton *Disquette fournie*. L'assistant indique qu'il vérifiera la présence de pilotes dans le lecteur A:. Validez en cliquant sur le bouton *OK*.

8. Après quelques instants, vous devez voir apparaître la marque de l'imprimante dans une fenêtre (voir la figure 7.3).

9. Validez ce choix en cliquant sur le bouton *Suivant>*.

La suite de la procédure est identique à celle fournie dans la procédure précédente (1).

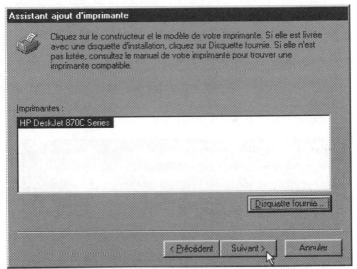

Figure 7.3 : installation d'une imprimante avec la disquette fournie par le constructeur.

7.2. Configurer l'imprimante

Une fois l'imprimante installée, elle est directement accessible dans Word 97. Vous pouvez terminer sa configuration en spécifiant le type de papier utilisé, l'orientation, la résolution, l'intensité et les options associées aux polices *TrueType*.

Ces opérations se réalisent dans la boîte de dialogue *Propriétés* pour l'imprimante choisie.

Pour configurer l'imprimante dans Word 97

1. Exécutez la commande *Fichier/Imprimer* ou utilisez le raccourci *Ctrl+P* pour afficher la boîte de dialogue *Imprimer*.

2. Cliquez sur le bouton *Propriétés* pour afficher la boîte de dialogue *Propriétés... sur LPT1*. Les trois petits points correspondent au nom de l'imprimante (voir la figure 7.4).

Figure 7.4 : la boîte de dialogue Propriétés... sur LPT1 permet de configurer l'imprimante.

3. Pour choisir le type de papier (*A4, enveloppe, Letter*), l'orientation (*Portrait* ou *Paysage*) et la source du papier (*Bac supérieur* ou *Alimentation manuelle*), cliquez sur l'onglet *Papier*.

4. Pour choisir la résolution (nombre de points par pouces ou *dpi*) et l'intensité, cliquez sur l'onglet *Graphique*.

5. Pour choisir les options liées aux polices *TrueType*, cliquez sur l'onglet *Polices*.

6. Pour déterminer le suivi de la mémoire de l'imprimante, cliquez sur l'onglet *Options du périphérique*.

NOTE

La configuration de l'imprimante dans Word 97 n'est valable que pour la session courante. Lors du prochain chargement du traitement de texte, l'imprimante aura les options définies dans Windows 95. Si vous voulez changer la résolution de l'imprimante et l'adapter à sa valeur réelle, vous avez tout intérêt à le faire dans le système d'exploitation. Par contre, si vous désirez imprimer occasionnellement un document en mode paysage, modifiez l'option dans Word 97 comme indiqué ci-dessus (commande *Fichier/Imprimer* et bouton *Propriétés*).

Pour configurer l'imprimante dans Windows 95

Les changements effectués dans Windows 95 s'appliqueront à toutes les applications et notamment Word 97.

1. Double-cliquez sur l'icône *Poste de travail* sur le bureau de Windows 95, puis double-cliquez sur l'icône *Imprimantes* pour afficher l'icône de l'imprimante connectée à l'ordinateur. Ou exécutez la commande *Démarrer/Paramètres/Imprimantes*.

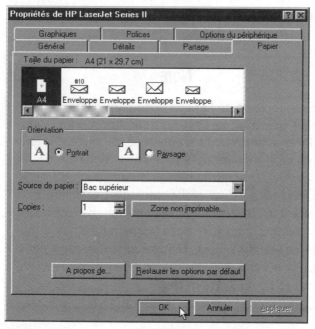

*Figure 7.5 : la boîte de dialogue Propriétés...
permet de configurer l'imprimante pour toutes les
applications (Word 97 y compris).*

2. Cliquez droit sur l'icône de l'imprimante à configurer pour faire apparaître un menu contextuel.

3. Dans ce menu, sélectionnez la commande *Propriétés* pour faire apparaître la boîte de dialogue contenant les options de configuration de l'imprimante (voir la figure 7.5).

4. Choisissez les différentes options de configuration et cliquez sur le bouton *OK* pour valider cette opération.

7.3. L'aperçu avant impression

Word 97 permet de visualiser rapidement le document tel qu'il sera imprimé. Il affiche la page complète et permet de zoomer sur une portion du document. Bien entendu, ce mode d'affichage spécial ne permet pas de distinguer exactement le contenu sauf sur des écrans 17, 20 ou 21 pouces. Le but de ce mode n'est pas de corriger des fautes d'orthographe dans le texte mais de déterminer en un coup d'œil si la forme de la lettre ou du document est correcte.

Pour afficher le document en mode aperçu avant impression

1. Exécutez la commande *Fichier/Aperçu avant impression*.

2. Ou cliquez sur l'icône *Aperçu* de la barre d'outils *Standard*.

Word 97 affiche un écran spécial comme représenté sur la figure 7.6. Pour quitter ce mode aperçu, il suffit d'appuyer sur la touche *Esc* ou de cliquer sur le bouton *Fermer* de la barre d'outils *Aperçu avant impression*.

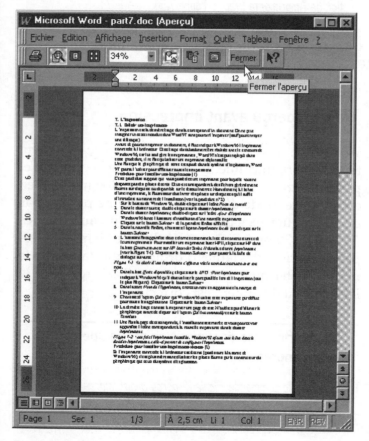

Figure 7.6 : le mode Aperçu avant impression.

Ce mode particulier dispose d'une barre d'outils personnalisée permettant d'effectuer diverses opérations.

Figure 7.7 : la barre d'outils Aperçu avant impression.

L'icône *Imprimer* lance l'impression de toutes les pages du document affiché.

L'icône *Loupe* est sélectionnée par défaut. Un clic de la souris dans le document provoque un agrandissement de la zone sous le pointeur de la souris. Un deuxième clic affiche à nouveau la page entière. Si vous cliquez sur l'icône *Loupe*, celle-ci n'est plus sélectionnée et le curseur se change en flèche de sorte que vous pouvez travailler directement sur le texte du document.

L'icône *Une page* permet d'afficher une seule page à la fois sur l'écran.

L'icône *Afficher plusieurs pages* permet d'afficher d'une à six pages sur l'écran. Pour choisir la disposition d'affichage des pages, il suffit de cliquer sur l'icône et de déplacer le pointeur sur le nombre de pages souhaitées. La sélection opérée sur la figure 7.8 permettra d'afficher deux pages les unes en dessous des autres sur l'écran.

L'icône *Zoom* permet d'agrandir ou de réduire la taille de la page affichée à l'écran. Pour choisir une valeur différente, double-cliquez dans la zone de saisie et entrez une valeur comprise entre 10 et 500. Ou cliquez sur la flèche bas pour dérouler le menu et choisissez une valeur proposée (voir la figure 7.9).

Figure 7.8 : l'utilisateur peut choisir le nombre de pages affichées simultanément sur l'écran.

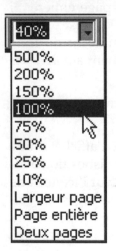

Figure 7.9 : le bouton Zoom permet de réduire ou d'agrandir la taille de la page à l'écran. Cette possibilité ne concerne que l'affichage et n'influence pas la mise en forme du document.

L'icône *Afficher la règle* permet, comme son nom l'indique, d'afficher ou non les règles horizontales et verticales. Celles-ci sont utiles pour déplacer rapidement les marges gauche, droite, supérieure et inférieure et pour introduire des taquets de tabulation dans le document.

L'icône *Ajuster* réduit la police de caractères utilisée afin d'éviter que quelques lignes d'un document ne se retrouvent en haut d'une page.

L'icône *Plein écran* permet d'afficher le document sur la totalité de l'écran. La fenêtre de l'application Word 97, la barre titre, la barre de menus, les règles, les barres de défilement et la barre d'état disparaissent. Une petite barre flottante intitulée *Plein écran* reste affichée à l'écran, il suffit de cliquer sur *Fermer le plein écran* pour voir réapparaître le document dans la fenêtre de l'application.

L'icône *Fermer* permet de quitter le mode *Aperçu avant impression* et de revenir à l'affichage normal du document.

L'icône *Aide contextuelle* offre une aide en ligne. Il suffit de cliquer sur l'icône, puis sur n'importe quelle partie de la fenêtre, pour avoir un texte d'aide concernant l'objet cliqué.

NOTE

Dans le mode *Aperçu avant impression*, les barres de défilement horizontale et verticale ainsi que les boutons de navigation peuvent être utilisés de la même manière que dans la fenêtre document. De plus, pour afficher rapidement la page suivante ou précédente, il suffit d'utiliser les raccourcis *Pg Sv* et *Pg Préc* si vous visualisez l'entièreté de la page ou *Ctrl+Pg Sv* et *Ctrl+Pg Préc* si vous ne visualisez qu'une partie de la page.

7.4. Imprimer un document

Une fois le document terminé et la mise en forme globale vérifiée avec le mode *Aperçu*, il ne reste plus qu'à imprimer l'entièreté du texte. Vous pouvez rapidement envoyer le document à l'imprimante en cliquant sur l'icône *Imprimer* de la barre d'outils *Standard*. Aussitôt, Word 97 imprime toutes les pages du document. Il signale cette opération en affichant une icône spéciale dans la barre d'état 🖨 4 .

Avant d'imprimer, vérifiez toutefois les quelques points suivants :

- L'imprimante doit être allumée et un voyant lumineux doit indiquer qu'elle est prête à recevoir des données. Généralement, le voyant correspond à l'intitulé *ONLINE*.

- L'imprimante doit être connectée à l'ordinateur au moyen d'un câble parallèle sur le port parallèle LPT1: ou LPT2: (cas les plus fréquents).

- L'imprimante doit être alimentée en papier. Si ce n'est pas le cas, elle doit afficher un message d'erreur ou émettre un bip sonore.

● L'imprimante doit être correctement installée dans Windows 95, voir à ce sujet le paragraphe *7.1. Définir une imprimante*.

Si tous ces points sont vérifiés, vous devriez voir apparaître les première pages imprimées quelques secondes après avoir cliqué sur l'icône *Imprimer*. De toute façon, si vous ne voyez pas les pages sortir de l'imprimante, Word 97 signalera le problème en affichant un message d'avertissement (voir la figure 7.10).

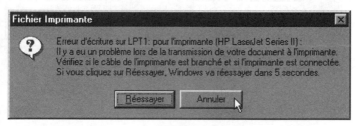

Figure 7.10 : apparemment, il y a un problème d'impression. Vérifiez les différents points indiqués ci-dessus avant de lancer une nouvelle impression ou d'annuler l'opération en cliquant sur le bouton Annuler.

Ce type d'impression peut très bien ne pas convenir. En effet, il n'est pas toujours nécessaire d'imprimer la totalité du document ou vous pouvez très bien avoir besoin de plusieurs copies du même document. Toutes ces options d'impression sont disponibles dans la boîte de dialogue *Imprimer* qui s'affiche soit en exécutant la commande *Fichier/Imprimer*, soit en appuyant sur les touches *Ctrl+P* (voir la figure 7.11).

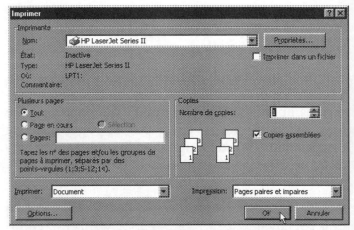

Figure 7.11 : la boîte de dialogue Imprimer permet de défi-nir les options d'impression.

Définir les pages à imprimer

Word 97 permet d'imprimer toutes les pages d'un do-cument, c'est l'option par défaut correspondant au bouton *Tout* dans la zone *Plusieurs pages*. Cependant, vous pouvez demander d'imprimer uniquement la page courante (celle où se trouve le curseur cligno-tant) en cliquant sur le bouton *Page en cours*.

Le bouton *Pages* permet de spécifier les numéros de page à imprimer. Les numéros de pages doivent être séparés par un point-virgule (;) et vous pouvez spé-cifier un groupe de page en les séparant par un tiret (-).

Exemples

Pour imprimer les pages 1, 4 et 5 d'un document, en-trez *1;3;5* dans la zone de saisie *Pages*.

Pour imprimer les pages 6, 7, 8 et 9 d'un document, entrez *6-9* dans la zone de saisie.

Pour imprimer les pages 1, 6, 7, 8 et 10 d'un document, entrez *1;6-8;10* dans la zone de saisie *Pages*.

Commencez par sélectionner le bloc de texte à imprimer. Dans la boîte de dialogue *Imprimer*, cliquez sur l'option *Sélection*. Cliquez ensuite sur le bouton *Imprimer* pour que Word 97 n'imprime que la partie sélectionnée du document.

Si vous désirez imprimer le document recto verso, vous devez tout d'abord imprimer les pages paires puis les pages impaires en n'oubliant pas de réutiliser les pages imprimées dans le bon ordre. Cette fonctionnalité est disponible dans Word 97.

Pour imprimer recto verso

1. Commencez par imprimer les pages paires. Exécutez la commande *Fichier/Imprimer* ou appuyez sur les touches *Ctrl+P*. Word 97 affiche la boîte de dialogue *Imprimer*.

2. Cliquez sur la *flèche bas* du menu déroulant *Impression* et choisissez l'option *Pages paires*.

3. Cliquez sur le bouton *OK* pour lancer l'impression. Seules les pages de droite du document sont imprimées.

4. Replacez les pages imprimées dans le bac d'alimentation de l'imprimante. N'oubliez pas de respecter le sens et le bon ordre des pages.

5. Imprimez les pages impaires en appuyant sur les touches *Ctrl+P*.

6. Cliquez sur la *flèche bas* du menu déroulant *Impression* et choisis-sez l'option *Pages impaires*.

7. Cliquez sur le bouton *OK* pour voir apparaître les pages de gauche au verso.

Définir le nombre de copies

Si vous désirez imprimer plusieurs copies d'un même document, il est plus intéressant et surtout plus ra-pide de spécifier le nombre de copies directement dans la boîte de dialogue *Imprimer* que d'exécuter plusieurs fois la commande *Fichier/Imprimer* avec un nombre de copie égal à un.

Pour spécifier le nombre d'exemplaire du même do-cument à imprimer, cliquez dans la zone *Nombre de copies* et introduisez le nombre. Ou utilisez les *flèches haut* et *bas* de la zone pour augmenter ou diminuer le nombre de copies indiqué.

La case à cocher *Copies assemblées* permet de détermi-ner la technique d'assemblage des pages lors de l'im-pression en plusieurs exemplaire d'un même docu-ment. Si la case est cochées, Word 97 imprime entiè-rement le document puis passe à la copie suivante. Par contre, si la case n'est pas cochée, le traitement de texte imprime la première page autant de fois qu'in-diqué dans la zone *Nombre de copies* avant de passer à l'impression de la seconde page. Et ainsi de suite pour toutes les pages restantes du document.

Définir les options d'impression

Word 97 propose bon nombre d'options supplémentaires pour l'impression. Celles-ci sont disponibles dans la boîte de dialogue *Impression* qui s'affiche lorsque vous cliquez sur le bouton *Options* de la boîte de dialogue *Imprimer* (voir la figure 7.12).

Pour activer une option, il suffit de cliquer sur la case à cocher correspondante. Les options pour lesquelles une coche est déjà présente dans la case sont déjà activées. Pour les désactiver, il suffit de cliquer sur la case et la coche disparaît.

Grâce à ces options, vous pouvez par exemple imprimer un document en qualité *brouillon* (option *Brouillon*) ; ceci n'est valable que pour les imprimantes dotées d'un mode *Brouillon* et permet une impression plus rapide.

Vous pouvez également décider d'imprimer en inversant l'ordre. Normalement, Word 97 imprime le document en commençant par la première page jusqu'à la dernière. En cliquant sur l'option *Ordre inverse*, Word 97 commence par la dernière page et termine l'impression avec la première page.

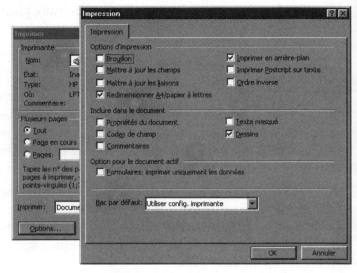

Figure 7.12 : les options d'impression supplémentaires s'affichent en cliquant sur le bouton Ọptions de la boîte de dialogue Imprimer.

Annuler l'impression

Il existe plusieurs techniques pour arrêter l'impression d'un document. Elles dépendent notamment de l'activation ou non du mode d'impression en arrière-plan. Il faut savoir que sous Windows 95, l'impression ne monopolise pas le processeur. Il est toujours possible de continuer à travailler pendant la sortie d'un document sur une imprimante. Le mode d'impression en arrière-plan est activé par défaut dans les options d'impression (voir la case à cocher *Imprimer en arrière-plan* sur la figure 7.12 du paragraphe précédent : *Définir les options d'impression*).

Pour arrêter l'impression si le mode n'est pas activé

Dans ce cas précis, Word 97 affiche le message indiqué sur la figure 7.13

1. Cliquez sur le bouton *Annuler* ou appuyez tout simplement sur la touche *Esc* du clavier.

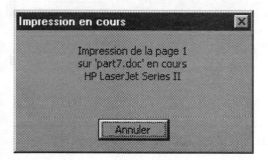

Figure 7.13 : si le mode d'impression en arrière-plan n'est pas actif, Word 97 monopolise le processeur pour envoyer le document à l'imprimante et il suffit de cliquer sur le bouton Annuler pour interrompre l'opération.

Procédure pour arrêter l'impression si le mode est activé

1. Double-cliquez sur l'icône *Impression* de la barre d'état pour faire apparaître la fenêtre indiquée sur la figure 7.14. Si vous n'avez pas

le temps de double-cliquer sur l'icône, appuyez sur les touches *Ctrl+P* (raccourci de la commande *Fichier/Imprimer*).

2. Cliquez sur le bouton *Arrêter* de la fenêtre pour arrêter l'impression.

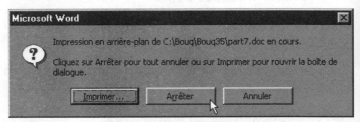

Figure 7.14 : la fenêtre d'avertissement s'affiche lorsque vous double-cliquez sur l'icône Impression de la barre d'état ou dès que vous appuyez sur Ctrl+P pendant l'impression.

Pour arrêter l'impression sous Windows 95

Windows 95 est responsable des imprimantes et gère un système permettant d'envoyer les données à l'imprimante. Il existe donc un moyen d'indiquer à Windows 95 d'arrêter une impression.

1. Double-cliquez sur l'icône représentant une imprimante dans la barre des menus de Windows 95. Cette icône apparaît à l'extrême droite de la barre. Attention, cette barre appartient à Windows 95 et non à Word 97 et s'affiche quand vous déplacez le pointeur de la souris dans le bas de l'écran.

2. Windows 95 affiche le système de gestion d'Impression comme indiqué sur la figure 7.15. Cliquez droit sur le nom du document pour faire apparaître un menu contextuel.

3. Sélectionnez la commande *Annuler l'impression* pour enlever le document du système de gestion et interrompre définitivement l'impression.

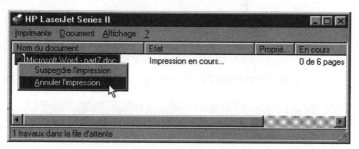

Figure 7.15 : le système de gestion d'impression de Windows 95 contrôle les données envoyées à l'imprimante.

7.5. Envoyer une télécopie

Si votre ordinateur est équipé d'un modem, vous pouvez vous passer de votre télécopieur de bureau pour envoyer un fax. En effet, Word 97 et Windows 95 possèdent tous les outils nécessaires pour envoyer rapidement et simplement (quelques clics de souris suffisent) des télécopies.

Mais avant de pouvoir effectuer ces opérations, il convient de vérifier la présence du service *Microsoft Fax* dans Windows 95. Ce service spécial installé dans le système d'exploitation est utilisé par Word 97 pour envoyer les télécopies.

Pour vérifier la présence du service *Fax*

1. Ouvrez le *Poste de travail* et double-cliquez sur l'icône *Panneau de configuration*.

2. Double-cliquez sur l'icône *Courrier/Télécopie* dans le *Panneau de configuration*. Windows 95 doit afficher la boîte de dialogue *Propriétés de Paramètres MS Exchange*.

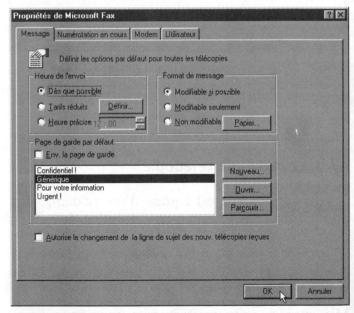

Figure 7.16 : les options de configuration du service Microsoft Fax.

3. *Microsoft Fax* doit figurer dans la liste des services d'informations. Si ce n'est pas le cas, cliquez sur le bouton *Annuler* et passez à la procédure d'installation du service décrite au paragraphe suivant.

4. Cliquez sur le nom *Microsoft Fax* puis sur le bouton *Propriétés* pour afficher les options de configuration pour l'envoi de télécopies. A tout moment, vous pouvez effectuer cette opération pour modifier une option (l'heure d'envoi, le type de format utilisé, la présence ou non d'une page de garde, le modem utilisé pour effectuer les envois, etc.).

5. Pour refermer la boîte de dialogue et revenir à Word 97, cliquez sur le bouton *OK*.

Pour installer le service *Microsoft Fax*

1. Ouvrez le *Panneau de configuration* en exécutant la commande *Démarrer/Paramètres/Panneau de configuration*.

2. Double-cliquez sur l'icône *Ajout/Suppression de programmes*. Windows 95 affiche la boîte de dialogue *Propriétés de Ajout/Suppression de programmes*.

3. Cliquez sur l'onglet *Installation de Windows*. Le système d'exploitation affiche l'ensemble des composants installés.

4. Cliquez sur la case à cocher du composant *Microsoft Fax* (voir la figure 7.17).

5. Cliquez sur le bouton *OK* pour lancer la procédure d'installation. Windows 95 demande d'insérer le CD-Rom dans le lecteur et copie tous les fichiers en rapport avec le service *Microsoft Fax* dans les dossiers correspondants.

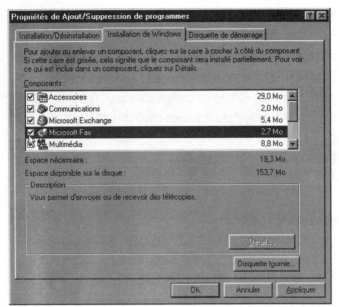

Figure 7.17 : installation du service Microsoft Fax à l'aide de l'utilitaire Ajout/Suppression de programmes.

6. Après quelques instants, la phase de configuration du service débute. Windows 95 demande d'introduire le pays et le numéro de zone d'appel. De cette manière, il pourra préfixer automatiquement le numéro de téléphone en cas d'appels à l'étranger ou dans une autre zone téléphonique.

7. Indiquez ensuite que le service doit utiliser le modem connecté à l'ordinateur. La seule autre alternative est d'utiliser la télécopie via un réseau.

8. Choisissez le modem dans la liste proposée par Windows 95.

9. Spécifiez que le service *Microsoft Fax* ne doit pas répondre à tous les appels.

10. Entrez votre nom complet ainsi que le numéro de votre fax.

11. Indiquez enfin que *MS Exchange* (programme s'utilisant conjointement avec le service *Microsoft Fax*) ne doit pas être inclus dans le dossier *Démarrage*. En effet, si vous incluez *Exchange* dans le dossier, ce programme se chargera automatiquement en mémoire chaque fois que vous allumez votre ordinateur.

12. Le service *Microsoft Fax* est maintenant installé et configuré, vous pouvez donc envoyer vos télécopies via le traitement de texte.

Notes

Vous pouvez vérifier la bonne installation du service *Fax* en ouvrant le dossier *Imprimantes* : exécutez pour cela, la commande *Démarrer/Paramètres/Imprimantes*. L'icône *Microsoft Fax* doit figurer dans la liste des imprimantes comme indiqué sur la figure 7.19.

Pour plus de renseignements sur la gestion du service *Microsoft Fax* et sur les modems, consultez les ouvrages Marabout suivants : *Télécommunications avec Windows 95* (n° 1124), *L'indispensable pour communiquer avec Windows 95* (n° 1137) et *Premiers pas avec un modem* (n° 1105).

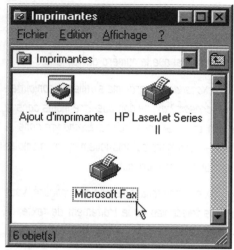

Figure 7.18 : la présence de l'imprimante Microsoft Fax prouve que le service de télécopie est disponible.

Pour envoyer une télécopie

1. Chargez Word 97 en mémoire centrale et ouvrez le document à faxer.

2. Exécutez la commande *Fichier/Imprimer* pour faire apparaître la boîte de dialogue *Imprimer*.

3. Cliquez sur la flèche de la liste déroulante *Nom* pour faire apparaître toutes les imprimantes disponibles.

4. Choisissez l'imprimante *Microsoft Fax* comme indiqué sur la figure 7.19.

5. Cliquez sur le bouton *OK* pour lancer l'assistant de composition d'une nouvelle télécopie ; celui-ci vous guidera dans la procédure du choix du destinataire en affichant diverses boîtes de dialogue.

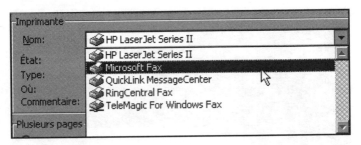

Figure 7.19 : pour télécopier, il faut choisir l'imprimante Microsoft Fax.

6. La figure 7.20 représente la boîte de dialogue la plus importante; elle permet de choisir le destinataire de la télécopie. Vous pouvez entrer directement le numéro de fax dans la zone de saisie *Télécopie #* ou saisir le nom de la personne dans la zone *À*. Cette dernière option n'est valable que pour les destinataires introduits dans le carnet d'adresses (voir la procédure pour insérer un nouveau destinataire dans le carnet d'adresses de *MS Exchange*).

7. Cliquez sur le bouton *Suivant>* pour passer à l'étape où l'assistant demande si vous voulez utiliser une page de garde. Etant donné que vous utilisez vos propres documents, cliquez sur l'option *Non*.

8. La boîte de dialogue suivante permet d'introduire un sujet et un commentaire pour la page de garde. Etant donné que vous n'utilisez pas cette option, cliquez simplement sur le bouton *Suivant>* sans entrer d'informations.

9. Cliquez sur le bouton *Terminer* pour valider l'envoi de la télécopie. A partir de cet instant, vous ne devez plus rien faire, le service

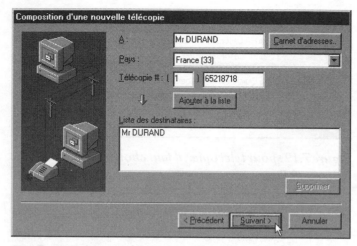

Figure 7.20 : entrez directement le numéro de télécopie ou choisissez le destinataire.

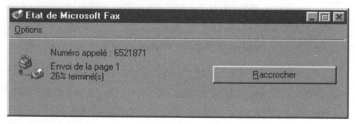

Figure 7.21 : l'envoi d'une télécopie est automatiquement géré par le service Microsoft Fax.

Microsoft Fax se charge de tout le travail. Il commence par initialiser le modem, il compose le numéro du destinataire et envoie la télécopie (voir la figure 7.21).

10. Après quelques minutes, *Microsoft Fax* affiche un message d'avertissement signalant l'échec ou la réussite de l'opération.

Pour introduire un nouveau destinataire dans le carnet d'adresses

MS Exchange gère un carnet d'adresses pour encoder les numéros de téléphone et autres informations utiles de vos contacts. Lors de l'envoi d'une télécopie avec le service *Microsoft Fax*, vous pouvez utiliser le carnet d'adresses pour choisir le destinataire. Dans ce cas, il suffit d'introduire le nom de la personne pour voir s'afficher automatiquement son numéro de télécopie dans la zone de saisie appropriée.

1. Dans la boîte de dialogue représentée sur la figure 7.20, cliquez sur le bouton *Carnet d'adresses*. *Microsoft Fax* affiche une nouvelle boîte de dialogue intitulée *Carnet d'adresses*.

2. Pour introduire un nouveau destinataire, cliquez sur le bouton *Nouvelle entrée*.

3. Dans la boîte de dialogue *Nouvelle entrée*, double-cliquez sur l'option *Télécopieur* pour indiquer que le numéro du nouveau destinataire correspond à un numéro de fax.

4. Le service *Fax* affiche la boîte de dialogue *Propriétés de Nouveau: Télécopieur*. Entrez le nom de la personne dans la zone de saisie *Nom à montrer sur la page de garde*.

5. Entrez le numéro de fax dans la zone *Indic. Et num. du télécopieur*. Modifiez éventuellement le *Code du pays* et le numéro de zone si le destinataire habite à l'étranger ou dans une autre zone que la vôtre (voir la figure 7.22).

6. Validez la saisie de ce nouveau numéro en cliquant sur le bouton *OK*. Automatiquement *Microsoft Fax* insère ce nouveau destinataire dans la zone *Liste des destinataires* de la boîte de dialogue *Composition d'une nouvelle télécopie*.

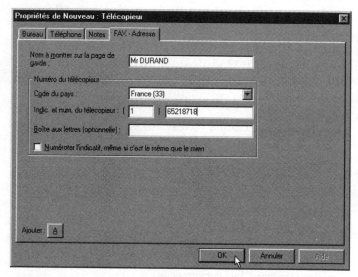

Figure 7.22 : la boîte de dialogue Propriétés de Nouveau : Télécopieur *permet d'introduire un nouveau destinataire dans le carnet d'adresses. Une fois présent, il suffit d'introduire le nom de la personne pour voir apparaître automatiquement son numéro de fax dans la zone appropriée.*

Tableaux et images

8.1. Gestion des tableaux

L'outil tableau permet de concevoir des lignes et des colonnes et d'y insérer du texte ou des graphiques sans devoir utiliser les tabulations. La création d'un tableau et la gestion des cellules (suppression, fusion, fractionnement) est grandement facilitée par la visualisation immédiate des quadrillages représentant le tableau et ses différentes cellules. Si vous désirez créer des tableaux complexes, Word 97 dispose d'un outil de dessin de tableaux très pratique. Il permet de dessiner les différentes lignes et colonnes du tableau comme si vous disposiez d'un stylo (et d'une gomme) sur un feuille.

La manipulation d'un tableau s'effectue exclusivement à l'aide de la souris. Pointez sur un séparateur de colonne ou directement dans la règle horizontale pour augmenter la largeur.

Word 97 dispose d'une série de commandes propres aux tableaux ; elles sont toutes répertoriées dans le menu *Tableau*.

Le traitement de texte permet également d'incorporer des tableaux spéciaux issus directement du tableur Excel. Dans ce cas précis, Word 97 établit un lien avec le tableur. En cliquant sur le tableau, le traitement de texte modifie toutes les commandes des menus et les remplace par celles du tableur. Vous bénéficiez ainsi de toutes les fonctionnalités d'Excel tout en restant dans le traitement de texte.

	A	B	C	D	E	F
1		1990	1991	1992	1993	Totaux
2	Produit A	7760	4649	2502	2143	17054
3	Produit B	4478	2822	1713		9013
4	Produit C	6058	5229	2671	-157	13801
5	Produit D		3815	263		4078
6	Produit E		3859			3859
7	Produit F		5502	1955	2076	9533
8	Produit G		4818	3204	1639	9661
9	Produit H		2759	-12	223	2970
10	Produit I			2452	-11	2441
11	Produit J			5607	2038	7645
12	Produit K			3502	880	4382
13	Produit L				3430	3430
14	Produit M				4301	4301
15	Produit N				4775	4775
16	Produit O				3803	3803
17	Totaux/année	18296	33453	23857	25140	100746
18	Maximum	7760	5502	5607	4775	17054

Feuil1 / Feuil2 / Feuil3

Figure 8.1 : un tableau créé dans Excel 97 et introduit dans un document Word 97.

8.2. Créer un tableau

La méthode la plus simple pour créer un tableau consiste à utiliser l'icône *Insérer un tableau* de la barre d'outils *Standard*. Cette icône particulière affiche un tableau de cellules blanches qu'il suffit de sélectionner pour indiquer le nombre de colonnes et de lignes à créer. Un clic de la souris suffit pour insérer un quadrillage - correspondant au tableau - à l'endroit du curseur dans le document.

Les quadrillages représentent les différentes cellules du tableau. Dans chacune d'elles, vous pouvez insérer toutes les informations souhaitées.

Si le quadrillage n'est pas visible à l'écran, exécutez la commande *Tableau/Afficher le quadrillage*. Bien qu'elles apparaissent à l'écran, ces lignes ne seront pas imprimées mais il est toutefois possible d'ajouter des bordures pour faire apparaître sur papier les lignes et les colonnes du tableau.

Si le nombre de colonnes ou de lignes dépasse les limites du quadrillage proposé par l'icône *Insérer un tableau*, utilisez la commande *Tableau/Insérer un tableau* et insérez les valeurs dans les zones *Nombres de colonnes* et *Nombre de lignes*. La boîte de dialogue *Insérer un tableau* permet également de contrôler la largeur exacte des colonnes.

Pour créer un tableau simple

1. Placez le curseur à l'endroit exact dans le document où doit s'insérer le tableau.

2. Cliquez sur l'icône *Insérer un tableau* de la barre d'outils *Standard*. Word 97 fait apparaître 20 cellules blanches.

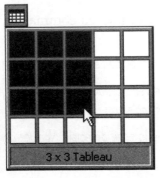

Figure 8.2 : l'icône Insérer le tableau *permet de choisir le nombre de lignes et de colonnes du tableau. Dans ce cas précis, le tableau comportera 3 colonnes et 3 lignes.*

3. Sélectionnez le nombre de lignes et de colonnes souhaitées pour le tableau en déplaçant le curseur.

4. Lorsque la vidéo inverse recouvre le nombre de cellules adéquat, cliquez pour faire apparaître le tableau dans le document. Celui-ci apparaît sous la forme d'un quadrillage, chaque cellule contient un symbole spécial ¤ correspondant à un caractère de fin de cellule ou de fin de ligne.

¤	¤	¤	¤
¤	¤	¤	¤
¤	¤	¤	¤

¤	¤	¤	¤
¤	¤	¤	¤
¤	¤	¤	¤

Figure 8.3 : par défaut, Word 97 ajoute une bordure sur toutes les lignes et les colonnes du quadrillage. Le deuxième tableau ne possède pas les bordures, le quadrillage affiché tel quel ne sera pas imprimé.

Une autre méthode consiste à utiliser la commande du menu *Tableau*.

1. Positionnez le curseur à l'endroit exact où doit s'insérer le tableau.

2. Exécutez la commande *Tableau/Insérer un tableau*. Word 97 affiche la boîte de dialogue *Insérer un tableau*.

3. Entrez le nombre de colonnes dans la zone de saisie *Nombre de colonnes* (*3* par exemple).

4. Entrez le nombre de lignes dans la zone de saisie *Nombre de lignes* (*3* par exemple).

5. Entrez la largeur (en centimètres) des colonnes (*3* par exemple).

6. Validez la création du tableau en cliquant sur le bouton *OK*.

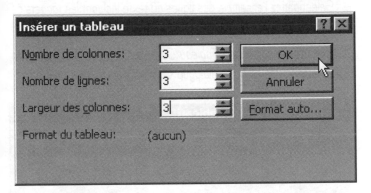

Figure 8.4 : la boîte de dialogue Insérer un tableau permet de créer des tableaux supérieurs à 5 colonnes et 4 lignes et de spécifier la largeur exacte des colonnes.

8.3. Convertir du texte en tableau

Si vous importez un document contenant un tableau créé à l'aide de tabulations, vous avez intérêt à le convertir rapidement en un tableau. En effet, il est beaucoup plus simple de manipuler les cellules d'un tableau que les éléments de texte séparés par des taquets de tabulations. Word 97 propose une commande permettant de convertir un tableau créé avec des symboles de tabulations ou d'autres caractères : *Ta\b{}leau/ Convertir te\x{}te en tableau*.

Pour convertir un texte en tableau

1. Sélectionnez l'ensemble des lignes de texte incluant les taquets de tabulation.

2. Exécutez la commande *Ta\b{}leau/Convertir te\x{}te en tableau*. Word 97 affiche une boîte de dialogue *Convertir un texte en tableau*.

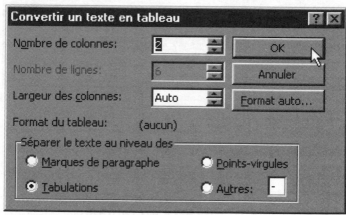

Figure 8.5 : la boîte de dialogue Convertir un texte en tableau permet de remplacer les tabulations par le quadrillage de tableau de Word 97.

3. Normalement, Word 97 reconnaît le nombre de colonnes à créer en fonction du nombre de taquets de tabulations présents. Toutefois, il se peut que toutes les lignes sélectionnées ne présentent pas le même nombre de taquets. Si c'est le cas et que le nombre

indiqué dans la zone *Nombre de colonnes* ne correspond pas à ce que vous voulez, rectifiez l'information en modifiant la valeur directement dans la zone de saisie.

4. Vérifiez que le bouton *Tabulations* est sélectionné dans la zone *Séparer le texte au niveau de*. Bien entendu, si le texte des différentes colonnes est séparé par un autre symbole que la tabulation, choisissez une autre option. Entrez éventuellement le caractère utilisé pour séparer les colonnes dans la zone *Autres*.

5. Validez la transformation en tableau en cliquant sur le bouton *OK*.

```
Océan→Profondeur·(m)¶
Antarctique → 8.428¶
Arctique    →  5.440¶
Atlantique  → 9.200¶
Indien→8.047¶
Pacifique   →  11.034¶
```

Océan¤	Profondeur·(m)¤	¤
Antarctique¤	8.428¤	¤
Arctique¤	5.440¤	¤
Atlantique¤	9.200¤	¤
Indien¤	8.047¤	¤
Pacifique¤	11.034¤	¤

Figure 8.6 : conversion d'un tableau créé avec des tabulations en un tableau Word 97.

8.4. Modifier l'apparence d'un tableau

Par défaut, un tableau créé prend la totalité de la page; de la marge gauche à la marge droite spécifiées. Bien entendu, il est possible de rectifier la longueur de chacune des colonnes et lignes.

Pour modifier la largeur d'une colonne

1. Placez le pointeur de la souris sur le trait séparant la colonne dont la largeur doit être modifiée. Word 97 modifie l'apparence du pointeur.

2. Cliquez et maintenez le bouton de la souris enfoncé.

3. Déplacez la souris vers la gauche ou la droite pour augmenter ou diminuer la largeur d'une colonne.

4. Relâchez le bouton de la souris lorsque la colonne a les dimensions souhaitées.

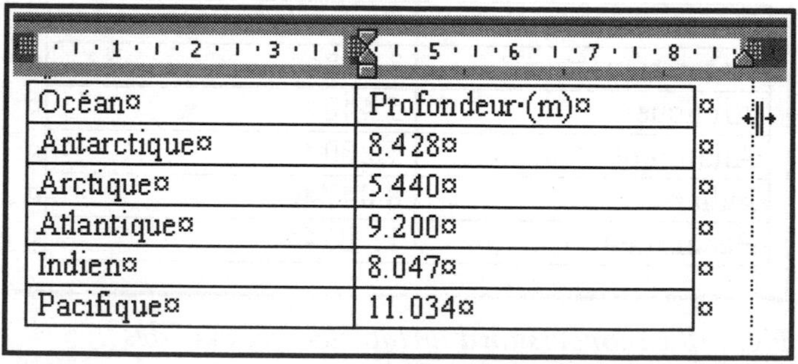

Océan¤	Profondeur·(m)¤	¤
Antarctique¤	8.428¤	¤
Arctique¤	5.440¤	¤
Atlantique¤	9.200¤	¤
Indien¤	8.047¤	¤
Pacifique¤	11.034¤	¤

Figure 8.7 : modification de la largeur d'une colonne.

Pour modifier l'espace réservé pour une ligne du tableau

1. Placez le pointeur de la souris sur le trait séparant la ligne à modifier.

2. Cliquez et maintenez le bouton de la souris enfoncé lorsque le pointeur a changé d'apparence.

3. Déplacez la souris vers le haut ou vers le bas pour diminuer ou augmenter l'espace réservé.

4. Relâchez le bouton de la souris lorsque la ligne a les dimensions souhaitées.

NOTES SUR LA MODIFICATION D'UN TABLEAU

Lorsque vous augmentez la taille d'une colonne, Word 97 diminue la taille de sa voisine. Vous pouvez éviter cette modification automatique en appuyant sur la touche *Maj* avant de cliquer sur le trait de la colonne. Par contre si vous appuyez sur la touche *Ctrl*, les colonnes situées à droite sont redimensionnées et de largeurs égales. La taille totale du tableau n'est pas modifiée.

Plutôt que de cliquer sur les traits des colonnes, vous pouvez utiliser les repères de colonnes affichés dans les règles horizontale et verticale. Pour modifier la dimension, sélectionnez d'abord l'ensemble des lignes du tableau. Cliquez sur le repère, maintenez le bouton enfoncé et déplacez la souris pour relâcher le bouton à l'endroit voulu. La colonne ou la ligne se modifie automatiquement.

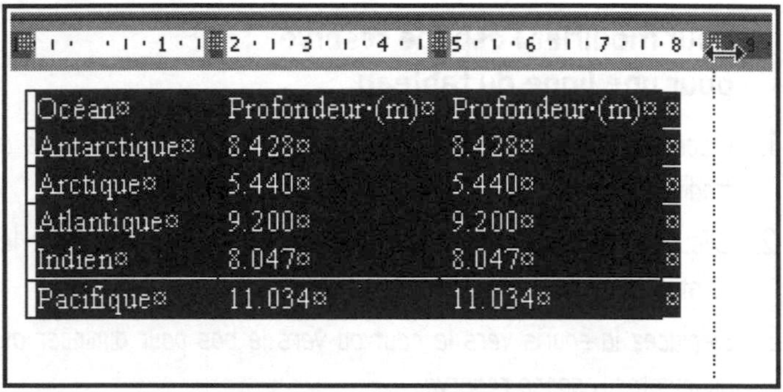

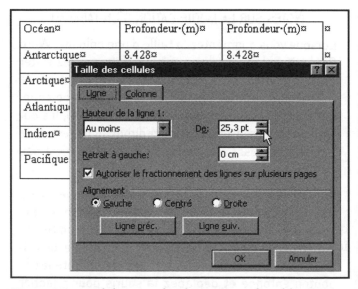

Figure 8.8 : vous pouvez également utiliser les repères des règles horizontale et verticale pour modifier les dimensions des colonnes et des lignes d'un tableau.

Figure 8.9 : modification des dimensions du tableau grâce à la boîte de dialogue Taille des cellules.

Utiliser les commandes du menu Tableau

Vous pouvez utiliser les commandes *Uniformiser la hauteur des lignes* et *Uniformiser la largeur des colonnes* pour obtenir rapidement un tableau tel que les largeurs et hauteurs des colonnes et lignes sont égales.

Pour modifier la largeur ou la hauteur d'une colonne / ligne d'un tableau, vous pouvez exécuter la commande *Tableau/Taille des cellules* et introduire les nouvelles valeurs dans la zone *De*. N'oubliez pas de sélectionner une ligne ou une colonne du tableau avant d'exécuter la commande.

8.5. Saisir des données dans un tableau

Rien de plus simple que de saisir des informations dans un tableau. Il suffit de cliquer dans la cellule où la donnée doit être encodée - Word 97 place automatiquement le curseur clignotant devant le symbole de la cellule - avant de saisir l'information au clavier.

Dans une cellule, vous pouvez appuyer sur la touche *Return* pour ajouter une ligne supplémentaire. Pour positionner le curseur dans la cellule voisine, appuyez sur la touche *Tab*. A tout moment, vous pouvez cliquer dans n'importe quelle cellule du tableau et y introduire une donnée.

Océan¶ (monde·entier)¤	Profondeur·(m)¤	¤	¤
¤	¤	¤	¤
¤	¤	¤	¤
¤	¤	¤	¤

Figure 8.10 : la première cellule contient deux lignes séparées par un symbole de fin de paragraphe. La touche Tab est utilisée entre chaque saisie d'informations pour déplacer le curseur vers la cellule voisine.

Le tableau suivant résume les touches du clavier à utiliser pour naviguer de cellules en cellules dans un tableau.

Pour déplacer le curseur sur la...	**Appuyez**
cellule précédente	*Maj+Tab* ou *Alt+flèche haut*
cellule suivante	*Tab* ou *Alt+flèche bas*
première cellule d'une ligne	*Alt+Début*
dernière cellule d'une ligne	*Alt+Fin*
première cellule d'une colonne	*Alt+Pg Préc*
dernière cellule d'une colonne	*Alt+Pg Sv*
ligne précédente	*flèche haut*
ligne suivante	*flèche bas*

8.6. Sélectionner des cellules

La sélection des cellules d'un tableau s'effectue principalement avec la souris. Le fait de cliquer à l'intérieur d'une cellule provoque le déplacement du curseur dans cette cellule. Par contre, si vous déplacez le pointeur de la souris dans la partie gauche d'une cellule, il se change en une flèche. Cliquer à ce moment provoque la sélection de toute la cellule.

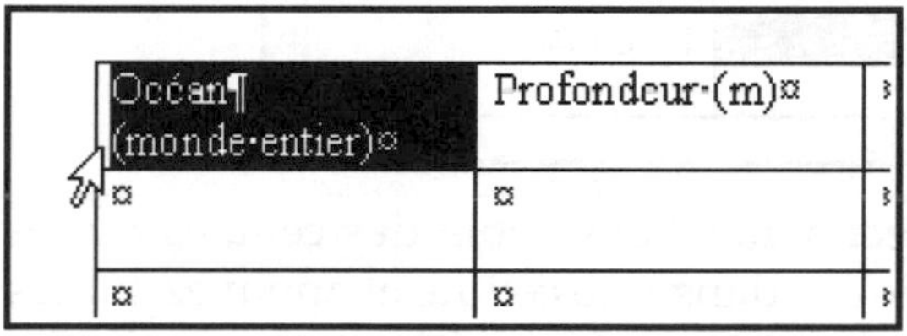

Figure 8.11 : sélection d'une cellule avec le pointeur de la souris. Il faut déplacer le pointeur dans la partie gauche de la cellule. La barre d'insertion habituelle se change en une flèche et un clic de la souris provoque la sélection de la cellule.

- Pour sélectionner plusieurs cellules contiguës, cliquez sur la première cellule, appuyez sur la touche *Maj* et cliquez sur la dernière cellule.

- Pour sélectionner une colonne, positionnez le pointeur de la souris sur sa bordure supérieure. Le pointeur se change en une flèche noire. Cliquez pour sélectionner l'ensemble des cellules de la colonne.

- Pour sélectionner une ligne complète, déplacez le pointeur sur la gauche du tableau à hauteur de la ligne et cliquez pour faire apparaître la vidéo inverse.

Océan¶ (monde·entier)¤	Profondeur·(m)¤	¤
Antarctique¤	8.428¤	¤
Arctique¤	5.440¤	¤
Atlantique¤	9.200¤	¤
Indien¤	8.047¤	¤
Pacifique¤	11.034¤	¤

Figure 8.12: sélection d'une colonne d'un tableau avec la souris.

● Pour sélectionner l'ensemble des cellules du tableau, cliquez dans une cellule et appuyez sur les touches *Alt+5* du pavé numérique avec la touche *Verr Num* désactivée.

Bien entendu, il est toujours possible d'utiliser la touche *F8* pour entrer en mode *Sélection* et étendre la sélection avec les touches fléchées. Pour annuler le mode *Sélection*, utilisez la touche *Esc*.

8.7. Ajouter et supprimer des cellules

A tout moment, vous pouvez supprimer une ou plusieurs lignes ou colonnes d'un tableau. Lorsque vous supprimez une colonne, une ligne ou une seule cellule, Word 97 supprime également le contenu. Il faut différencier la suppression d'une cellule et l'effacement du contenu d'une cellule. Cette dernière opération est réalisable avec la commande *Edtion/Effacer* ou en appuyant sur la touche *Suppr* ; Word 97 laisse la cellule vide.

Pour supprimer une ligne

1. Sélectionnez la ligne en déplaçant le pointeur de la souris à l'extrémité gauche du tableau et en cliquant.

2. Appuyez sur les touches *Ctrl+X* ou exécutez la commande *Tableau/Supprimer les cellules*. Attention, si vous exécutez la commande *Edition/Effacer*, Word 97 supprimera le contenu des cellules et laissera une ligne vide dans le tableau.

Pour supprimer une colonne

1. Sélectionnez la colonne en plaçant le pointeur de la souris sur sa bordure supérieure et en cliquant.

2. Appuyez sur les touches *Ctrl+X* ou exécutez la commande *Tableau/Supprimer les colonnes*.

Pour supprimer une cellule

1. Sélectionnez la cellule en déplaçant le pointeur de la souris dans la partie gauche de la cellule et en cliquant.

2. Exécutez la commande *Tableau/Supprimer les cellules*, Word 97 affiche une boîte de dialogue *Supprimer les cellules*.

3. Choisissez l'option voulue pour le réagencement des autres cellules du tableau après suppression et validez en cliquant sur le bouton *OK*.

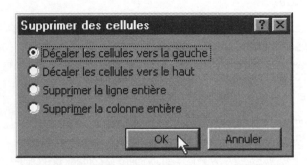

Figure 8.13 : la boîte de dialogue Supprimer les cellules permet de définir la façon dont les cellules restantes du tableau seront réagencées après la suppression.

Pour ajouter une ligne

1. Placez le curseur sur la ligne au-dessus de laquelle vous voulez insérer une ligne de cellules vierges. Si vous voulez en ajouter plusieurs, sélectionnez-en plusieurs.

2. Exécutez la commande *Tableau/Insérer des lignes*. Word 97 ajoute automatiquement autant de lignes vide que le nombre sélectionné.

Pour ajouter une colonne

1. Sélectionnez la colonne à gauche de laquelle vous voulez insérer une colonne vierge. Si vous voulez insérer plusieurs colonnes, sélectionnez-en plusieurs.

2. Exécutez la commande *Tableau/Insérer colonnes*. Word 97 ajoute automatiquement le nombre de colonnes vides équivalent au nombre de colonnes sélectionnées.

Pour ajouter une cellule

1. Effectuez un copier/coller d'une cellule existante.

2. Sélectionnez une cellule et appuyez sur les touches *Ctrl+C*.

3. Placez le curseur à l'endroit d'insertion de la nouvelle cellule.

4. Appuyez sur les touches *Ctrl+V* pour faire apparaître une copie de la cellule. Vous pouvez effacer aisément son contenu en la sélectionnant et en appuyant sur la touche *Suppr*.

Océan¤	Profondeur·(m)¤	Océan¤	¤
Antarctique¤	8.428¤	¤	
Arctique¤	5.440¤	Océan¤	¤
Atlantique¤	9.200¤	¤	
Indien¤	8.047¤	Océan¤	¤
Pacifique¤	11.034¤	¤	

Figure 8.14 : ajout d'une cellule dans un tableau grâce à une opération copier/coller.

8.8. Mise en forme d'un tableau

Mise en forme manuelle

Comme pour tout texte d'un document, le contenu de chaque cellule d'un tableau peut être mis en forme. Les cellules sont considérées comme des paragraphes et il est possible de modifier la police de caractères, le style, l'alignement (horizontal et vertical), la trame de fond de leur contenu.

Comme pour la mise en forme d'un paragraphe, l'opération se divise en deux phases :

1. Sélectionner le(s) cellule(s) à mettre en forme.

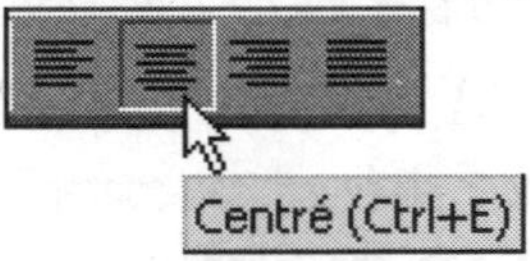

Océan¤	Profondeur·(m)¤
Antarctique¤	8.428¤
Arctique¤	5.440¤
Atlantique¤	9.200¤
Indien¤	8.047¤
Pacifique¤	11.034¤

Figure 8.15 : la mise en forme de cellules d'un tableau s'effectue exactement comme pour la mise en forme de paragraphes.

2. Choisir la mise en forme au moyen des boîtes de dialogue appropriées (*Police*, *Paragraphe*, etc.) ou des icônes de la barre d'outils *Mise en forme*.

Pour aligner une colonne

1. Sélectionnez la colonne à centrer en déplaçant le pointeur sur le trait supérieur et en cliquant.

2. Cliquez sur le bouton *Centré* de la barre d'outils *Mise en forme*.

Mise en forme automatique

Pour accélérer la mise en forme d'un tableau, vous pouvez demander à Word 97 qu'il effectue automatiquement cette opération en se basant sur des modèles prédéfinis.

Pour réaliser le formatage rapide du tableau, il suffit de cliquer dans une des cellules et d'exécuter la commande *Tableau/Format automatique de tableau*. Word 97 affiche une boîte de dialogue comportant près de 40 modèles prédéfinis. Vous choisissez le modèle dans la colonne *Format* en sélectionnant un nom et immédiatement, vous pouvez examiner la zone *Aperçu* pour visualiser le type de mise en forme. Si le modèle vous convient, il suffit de cliquer sur le bouton *OK* pour adapter la mise en forme au tableau.

Word 97 propose une série de case à cocher qu'il suffit de cliquer pour que le formatage ne concerne pas l'option désactivée. Si vous voulez que Word 97 ne modifie pas la police utilisée pour saisir le tableau, cliquez sur la case *Police* pour enlever la coche.

A tout moment, vous pouvez revenir au tableau original en cliquant sur le type *(Aucun)* dans la liste *Format*.

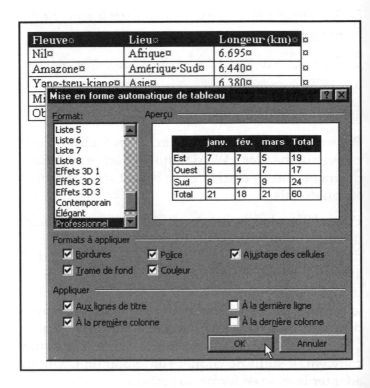

Figure 8.16 : le formatage sur la base d'un modèle s'effectue en choisissant le type et en cliquant sur les options à ne pas changer.

8.9. Travailler sur les cellules d'un tableau

Trier les cellules

Que les cellules d'un tableau soient du texte ou des nombres, Word 97 est tout à fait capable de trier les colonnes ou les lignes en ordre ascendant ou descendant.

La technique est relativement simple à mettre en œuvre, il suffit de sélectionner les lignes à trier (ou les colonnes) et d'exécuter la commande *Tableau/Trier*. Le tri peut s'effectuer sur trois clés différentes ; si deux éléments de la première clé sont égaux, Word 97 effectue le tri sur les éléments de la deuxième clé et ainsi de suite. Si vous sélectionnez le titre d'un tableau, prévoyez de cliquer sur le bouton *Oui* de l'option *Lignes de titres*.

Pour trier le tableau (voir la figure 8.17)

1. Sélectionnez le tableau en cliquant sur une cellule et en appuyant sur les touches *Alt+5*.

2. Exécutez la commande *Tableau/Trier* pour afficher la boîte de dialogue *Trier*.

3. Dans la zone *1re clé*, sélectionnez *Profondeur (m)* ; le tri doit s'effectuer sur la colonne *Profondeur*.

4. Dans la zone *Type*, cliquez sur l'option *Numérique* pour indiquer à Word 97 que le texte à trier correspond à des nombres.

5. Pour un tri croissant, sélectionnez l'option _Croissant_.

6. Cliquez sur le bouton _Oui_ de l'option _Lignes de titres_ car vous avez sélectionné l'entièreté du tableau. Si vous n'aviez sélectionné que les cinq lignes contenant les nombres, il était inutile de cliquer sur le bouton _Oui_.

7. Validez le tri en cliquant sur le bouton _OK_.

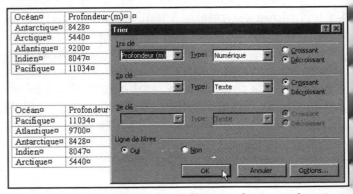

Figure 8.17 : Word 97 trie les différentes lignes en fonction de la Profondeur.

Intégrer des formules

Word 97 est capable d'effectuer diverses opérations sur les colonnes ou les lignes d'un tableau pour autant que les informations soient des nombres. Pour cela, il met à votre disposition diverses fonctions mathématiques et statistiques comme la moyenne, la somme, le maximum et le minimum. Pour indiquer les valeurs à utiliser dans la fonction, Word 97 utilise la numérotation suivante :

A1	B1	C1
A2	B2	C2
A3	B3	C3
A4	B4	C4
A5	B5	C5
...	...	...

- Pour référencer les deux premiers éléments de la première colonne, il suffira d'indiquer A1 :A2.
- Pour référencer les quatre premiers éléments de la troisième colonne: *C1 :C4*.
- Si les éléments sont non contigus, il suffit d'indiquer chacune des références suivies d'une virgule: *A1, B2, C5*.

Pour intégrer des formules

Dans l'exemple de la figure 8.18, les fonctions suivantes sont utilisées :

- SOMME() pour additionner les nombres.
- MIN() pour calculer le minimum.
- MAX() pour calculer le maximum.
- MOYENNE() pour calculer la moyenne des ventes.

Attention, la première ligne ne doit pas être prise en compte. Dès lors, pour référencer correctement les cinq ventes, utilisez *B2:B6*.

1. Placez le curseur dans la ligne *Total* et exécutez la commande *Tableau/Formule* pour afficher la boîte de dialogue correspondante.

2. Dans la zone *Formule*, entrez *SOMME(B2:B6)*.

3. Cliquez sur le bouton *OK* pour voir le résultat affiché dans le tableau.

4. Passez à la ligne *Min* et exécutez la commande qui affiche la boîte de dialogue *Formule*.

5. Entrez *MIN(B2:B6)* et validez en cliquant sur *OK*.

6. Continuez avec les fonctions *MAX(B2:B6)* et *MOYENNE(B2:B6)*. Vous obtiendrez le résultat indiqué sur la figure 8.18.

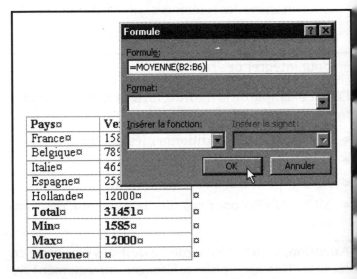

Figure 8.18 : insertion de formules dans la cellule d'un tableau.

NOTE SUR LES MISES À JOUR DES FORMULES

Attention, si vous modifiez une des valeurs pour les ventes, Word 97 ne met pas à jour les résultats des totaux, minimum, etc. Il faut explicitement mettre à jour le résultat en cliquant sur chacune des cellules résultat et en appuyant sur la touche *F9* (raccourci de la commande *Mettre à jour les champs* du menu contextuel de la formule).

8.10. Insérer un tableau Excel

Si vous voulez effectuer des calculs plus complexes sur des colonnes de chiffres et que le logiciel mette à jour automatiquement les valeurs en cas de changements, vous avez intérêt à utiliser l'importation de tableaux Excel. Travaillez dans le tableur pour créer le tableau de chiffres et importez-le rapidement par un copier/coller dans le document Word.

Grâce à cette technique, les mises à jours seront automatiques et de plus, vous bénéficierez de toutes les fonctionnalités du tableur tout en restant dans le traitement de texte.

En effet, Word 97 se rend compte que l'objet importé n'est rien d'autre qu'un tableau créé avec Excel. Dès que vous double-cliquez sur le tableau importé, Word 97 supprime sa barre de menus ainsi que ses barres d'outils pour les remplacer par celles du logiciel Excel. Si vous cliquez en dehors du tableau, les menus et barres d'outils de Word 97 réapparaissent.

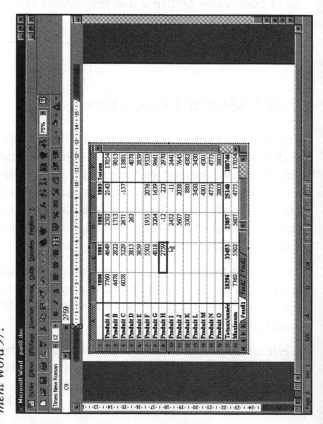

Figure 8.19 : insertion d'un tableau Excel dans un document Word 97.

Pour importer un tableau Excel

1. Dans le document Word 97, placez le curseur à l'endroit d'insertion du tableau.

2. Exécutez la commande *Insertion/Objet* pour afficher la boîte de dialogue *Insérer un objet*.

3. Cliquez sur l'onglet *Créer d'après le fichier*.

4. Entrez le nom du tableau dans la zone de saisie *Nom de fichier*. Si vous ne connaissez pas l'endroit exact où se trouve le fichier contenant le tableau à insérer, cliquez sur le bouton *Parcourir* et parcourez les différents dossiers dans la boîte de dialogue *Parcourir* en double-cliquant sur les dossiers et en utilisant le bouton *Dossier parent*.

5. Une fois le nom indiqué ainsi que son chemin d'accès (succession des dossiers), validez l'insertion du tableau dans le document Word en cliquant sur le bouton *OK*.

6. Le tableau apparaît sur la page et dès que vous double-cliquez dessus, Word 97 affiche les cellules du tableur Excel ainsi que ses menus et ses barres d'outils. Pourtant, vous n'avez pas quitté Word 97.

7. Essayez de modifier une valeur dans le tableau, vous verrez que Word 97 (ou Excel) met à jour automatiquement les formules.

8. Pour revenir aux menus de Word 97, cliquez en dehors du tableau.

8.11. Importer des images

Il existe plusieurs méthodes pour importer une image dans un document. La première décrite ci-dessous suppose que vous connaissiez l'endroit exact où se trouve l'image sur le disque. La seconde méthode consiste à effectuer un copier/coller depuis le logiciel de dessin dans lequel l'image a été construite.

Word 97 peut insérer l'image à l'endroit où se trouve le curseur. Celle-ci se déplace alors avec le texte à chaque fois que vous ajoutez une ligne avant l'image. Une fois insérée dans le document, l'image peut être alignée (gauche, centrée, ou droit) et ses dimensions peuvent être modifiées. Pour cela, il suffit de cliquer une seule fois sur l'image pour faire apparaître des poignées (huit carrés blancs) et de déplacer le pointeur de la souris sur une des poignées. Le pointeur se change en une flèche bidirectionnelle. Il suffit de cliquer, de maintenir le bouton enfoncé et de déplacer la souris pour modifier les dimensions de l'image.

Word 97 peut également dissocier l'image du texte de manière à la placer avec plus de précision à un endroit de la page. Lorsque l'image est dissociée, vous pouvez la superposer au texte ou à d'autres objets présents sur la page. Par défaut, Word 97 utilise cette technique de dissociation de l'image par rapport au texte. Mais à tout moment, vous pouvez modifier cette propriété.

Les documents incluant de nombreuses images prennent plus d'espace mémoire sur le disque. En plus, l'image est souvent stockée quelque part dans un dossier sur le disque. Il peut donc être intéressant d'utiliser l'option *Lier au fichier* lorsque vous insérez une image via la commande *Insertion/Image*. Dans ce cas précis, Word 97 ne stocke pas l'image dans le document mais seulement un lien vers le fichier image stocké sur disque. Cela procure un certain avantage car les documents sont nettement moins volumineux mais suppose que l'image doive toujours être stockée dans le même dossier sur le disque dur de la machine.

Pour insérer une image

1. Placez le curseur dans le document à l'endroit où vous voulez insérer l'image.

2. Exécutez la commande *Insertion/Image/A partir du fichier*. Word 97 affiche la boîte de dialogue *Insérer une image* comme indiqué sur la figure 8.20. Vous pouvez également afficher la barre d'outils *Image* et utilisez l'icône *Insérer une image* 🖼.

3. Dans cette boîte de dialogue, utilisez la liste déroulante *Regarder dans* pour sélectionner le dossier dans lequel se trouve l'image à insérer.

4. Vous pouvez également cliquer sur le bouton *Aperçu* pour obtenir une visualisation de l'image lorsqu'elle est sélectionnée dans la colonne gauche. Si vous connaissez exactement l'extension (le format ou les trois dernières lettres) de l'image, choisissez-le dans la liste déroulante *Type de fichier*. Si l'image est un *métafichier*

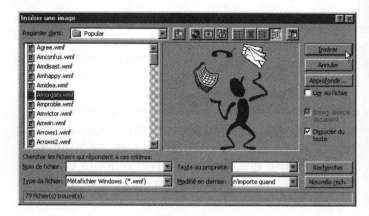

Figure 8.20 : la boîte de dialogue Insérer une image permet de choisir l'image à insérer et la manière de le faire dans le document.

Windows (extension .*wmf*), sélectionnez le type *Métafichier Windows (*.wmf)*, vous ne verrez apparaître que ces types de fichiers dans la liste gauche.

5. Si vous voulez que Word 97 insère l'image indépendamment du texte, cliquez sur la case *Dissocier du texte* (option par défaut). De cette manière, vous pourrez la placer avec précision sur la totalité de la page. Par contre, si vous voulez que Word 97 insère l'image comme un caractère à l'endroit exact où se trouve le curseur, ne cochez pas la case.

6. Terminez l'opération d'insertion en cliquant sur le bouton *Insérer*. Word 97 place l'image dans le document.

8.11. Importer des images¶

Il existe plusieurs méthodes pour importer une image dans un document. La première décrite ci-dessous suppose que vous connaissiez l'endroit exact où se trouve l'image sur le disque. La seconde méthode consiste à effectuer un copier/coller depuis le logiciel de dessin dans lequel l'image a été construite.¶

Word 97 peut insérer l'image à l'endroit où se trouve le curseur. Celle-ci se déplace alors avec le texte à chaque fois que vous ajoutez une ligne avant l'image. Une fois insérée dans le document, l'image peut être alignée (gauche, centrée, ou droit) et ses dimensions peuvent être modifiées. Pour cela, il suffit de cliquer une seule fois sur l'image pour faire apparaître des poignées (huit carrés blanc) et de déplacer le pointeur de la souris sur une des poignées. Le pointeur se change en flèche bidirectionnelle.

Figure 8.21 : insertion d'une image dans un document.

Pour insérer une image avec un *copier/coller*

La procédure est sensiblement la même sauf que vous n'insérez pas l'image via son nom de fichier mais directement à partir du logiciel dans lequel elle a été conçue.

1. Placez le curseur dans le document où vous voulez insérer l'image.

2. Activez le logiciel de dessin dans lequel vous avez conçu l'image.

3. Chargez l'image ou, si elle déjà présente à l'écran, appuyez sur la touche *Ctrl+C* pour la copier dans le presse-papiers.

4. Revenez au traitement de texte. Pour le passage d'un logiciel à l'autre, utilisez la barre de menus de Windows 95 ou le raccourci *Alt+Tab*.

5. Appuyez sur les touches *Ctrl+V* pour coller l'image depuis le presse-papiers dans le document.

6. Automatiquement, Word 97 fait apparaître l'image à l'endroit où se trouvait le curseur. Par défaut, l'image est dissociée du texte mais il est toujours possible de modifier cette propriété.

7. Pour cela, cliquez droit sur l'image et sélectionnez la commande *Format de l'image* dans le menu contextuel. Word 97 affiche la boîte de dialogue *Format d'image*.

8. Cliquez sur l'onglet *Position* et désactivez l'option *Dissocier du texte* en cliquant sur la case correspondante

---

NOTE SUR LES CLIPS ART

Word 97 propose un CD-Rom complet contenant des centaines de fichiers correspondant à des images, du son et des vidéos. Vous pouvez directement insérer une image à partir du CD-Rom en utilisant le gestionnaire de bibliothèque d'images. Exécutez la commande *Insertion/Image/Images de la bibliothèque* pour que Word 97 affiche le gestionnaire de fichiers

intitulé *Microsoft ClipArt Gallery*. Choisissez l'image
à insérer et cliquez sur le bouton *Insérer* pour valider
l'opération.

8.12. Modifier les images

Déplacer une image

Le déplacement d'une image dans un document dépend de son état de dépendance vis-à-vis du texte.

Si l'image est dissociée du texte, il suffit de cliquer dessus, de maintenir le bouton de la souris enfoncé et de déplacer le pointeur à l'endroit souhaité pour voir l'image changer de position. A l'endroit voulu, il suffit de relâcher le bouton de la souris pour faire apparaître l'image. En fonction du type d'habillage choisi pour l'image, le texte entoure l'image, ou celle-ci opère une séparation dans le paragraphe où elle a été insérée.

Si l'image n'est pas dissociée du texte, en cliquant dessus et en déplaçant le pointeur, Word 97 fait apparaître le même symbole que lors du déplacement d'un texte sélectionné. Lorsque le symbole est à l'endroit voulu, il suffit de relâcher le bouton de la souris pour voir s'insérer l'image.

Modifier les dimensions d'une image

La modification des dimensions d'une image s'effectue via ses poignées. Celles-ci sont représentées par huit petits rectangles blancs qui apparaissent autour de l'image lorsque vous cliquez dessus. Déplacez le pointeur de la souris sur une des poignées pour modifier son apparence : il devient une flèche bidirectionnelle. Maintenez le bouton de la souris et déplacez-la pour voir se modifier la taille de l'image. Si vous voulez garder les proportions de l'image, appuyez sur la touche *Maj* avant de cliquer sur une des poignées.

Figure 8.22 : la modification de la taille de l'image s'effectue en cliquant sur une des poignées qui apparaissent automatiquement dès que l'on clique sur l'image.

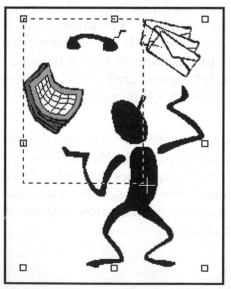

Changer l'apparence d'une image

La barre d'outils *Image* possède quelques icônes très intéressantes pour modifier les contrastes et la luminosité d'une image. Avant d'utiliser une des icônes, n'oubliez pas de sélectionner l'image en cliquant dessus : les poignées doivent apparaître sur l'image.

L'icône *Contrôle de l'image* fait apparaître plusieurs options permettant de modifier l'image.

- l'option *Nuances de gris* transforme l'image couleur en niveaux de gris ;
- l'option *Noir et blanc* transforme l'image couleur en noir et blanc ;

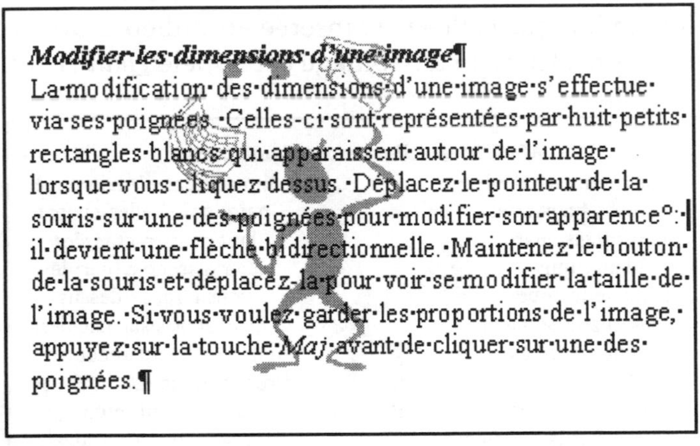

Modifier les dimensions d'une image¶
La·modification·des·dimensions·d'une·image·s'effectue· via·ses·poignées.·Celles-ci·sont·représentées·par·huit·petits· rectangles·blancs·qui·apparaissent·autour·de·l'image· lorsque·vous·cliquez·dessus.·Déplacez·le·pointeur·de·la· souris·sur·une·des·poignées·pour·modifier·son·apparence°:· il·devient·une·flèche·bidirectionnelle.·Maintenez·le·bouton· de·la·souris·et·déplacez-la·pour·voir·se·modifier·la·taille·de· l'image.·Si·vous·voulez·garder·les·proportions·de·l'image,· appuyez·sur·la·touche·*Maj*·avant·de·cliquer·sur·une·des· poignées.¶

Figure 8.23 : l'image a été transformée grâce à l'icône Contrôle de l'image et l'option Filigrane. Ensuite, elle a été placée en dessous d'un texte sans aucun habillage.

- l'option *Filigrane* modifie complètement la couleur de l'image en la rendant grise ; de cette façon, vous pouvez la placer en filigrane en dessous d'un texte (voir la figure 8.24).

Pour régler le contraste, utilisez les icônes *Contraste plus accentué* ou *Contraste moins accentué*.

Pour régler la luminosité, utilisez les icônes *Luminosité plus accentuée* ou *Luminosité moins accentuée*.

Changer l'habillage d'un texte

L'habillage correspond à la façon dont le texte s'étend autour d'une image. Par défaut, Word 97 place une phrase au-dessus et la suite du texte en dessous d'une image lorsque celle-ci est insérée au milieu d'un paragraphe. Ce type d'habillage est appelé *Haut et bas*.

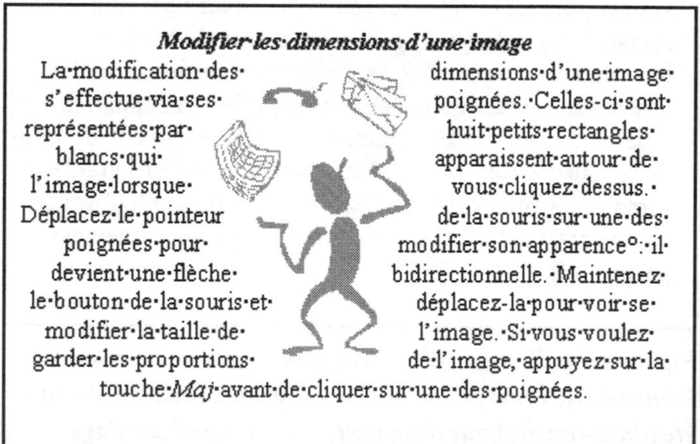

Figure 8.24 : l'habillage Rapproché est utilisé pour que le texte contourne l'image.

Il correspond à une des options de l'icône *Habillage du texte* de la barre d'outils *Image*. Sur la figure 8.23, le texte recouvre totalement l'image, elle reste cependant visible. Ce type d'habillage correspond à l'option *Aucun*.

Pour choisir un habillage, sélectionnez l'image et cliquez sur l'icône *Habillage du texte* dans la barre d'outils *Image*. Puis choisissez une des options correspondant à un type précis d'habillage.

Vous pouvez également passer par la boîte de dialogue *Format d'image* qui s'affiche lorsque vous cliquez droit sur l'image et sélectionnez la commande *Format de l'image*. Dans la boîte de dialogue, cliquez sur l'onglet *Habillage* et choisissez une des options.

8.13. Ancrer une image

Une image peut être déplacée n'importe où dans le document par simple pression de la souris et déplacement du pointeur lorsque le bouton est enfoncé. Vous pouvez indiquer à Word 97 d'associer (d'ancrer) une image à un paragraphe particulier. De cette façon, si vous ajoutez du texte, le dessin reste solidaire du paragraphe auquel il est ancré. Cette technique permet de ne pas devoir déplacer l'image à chaque modification du document. La procédure d'ancrage est relativement simple à réaliser, deux options permettent d'associer une image à un paragraphe : *Déplacer l'objet avec le texte* force l'image à se déplacer avec le paragraphe et *Ancrer* assure qu'elle s'affiche toujours sur la même page que le paragraphe auquel elle est ancrée.

Si vous ne voulez pas que l'image se déplace avec un paragraphe particulier, désactivez les deux options.

Pour ancrer une image

1. Placez le curseur clignotant dans le paragraphe à associer à l'image.

2. Exécutez la commande d'insertion d'une image (*Insertion/Image*) et choisissez le fichier.

3. Dès que l'image apparaît sur le document, Word 97 affiche une ancre ⚓ devant le paragraphe auquel l'image est associée. Si vous déplacez l'illustration, l'ancre se déplace vers le paragraphe suivant le plus proche. Il est également possible de déplacer l'ancre en cliquant dessus et d'associer ainsi l'image à un autre paragraphe. En supprimant l'entièreté du paragraphe, vous supprimez également l'image.

4. Par défaut, Word 97 déplace l'image vers le haut ou vers le bas si vous ajoutez de nouveaux paragraphes ; l'option *Déplacer avec le texte* est activée. Pour le vérifier, cliquez droit sur l'image et sélectionnez la commande *Format de l'image*.

5. Dans la boîte de dialogue *Format d'image*, cliquez sur l'onglet *Position* et vérifiez la coche dans la case *Déplacer avec le texte*.

6. Si vous voulez ancrer l'image et forcer Word 97 à placer l'image sur la même page que le paragraphe, cochez la case *Ancrer* en

cliquant dessus. Word 97 ajoute un symbole de verrouillage à

l'ancre déjà présente 🔒.

7. Validez cette nouvelle option en cliquant sur le bouton *OK* de la boîte de dialogue *Format d'image*.

8. En ajoutant de nouveaux paragraphes, l'image suivra le paragraphe auquel elle est ancrée. De plus, vous êtes certains que l'image apparaîtra toujours sur la même page que le paragraphe.

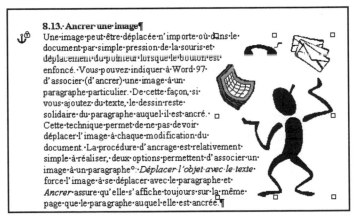

Figure 8.25 : l'image se déplace avec le paragraphe "Une image peut être déplacée… " si vous ajoutez du texte avant. De plus, elle apparaît toujours sur la même page.

Publipostage

9.1. Les quatre étapes du publipostage

Le publipostage permet de fusionner un document type identique et un fichier de données. Le document type (également appelé document principal) comporte des champs qui, lors de la fusion, sont remplacés par les données ; Word 97 imprime autant de lettres personnalisées qu'il y a de données dans le fichier. Le publipostage permet donc d'imprimer très rapidement la même lettre personnalisée pour chaque destinataire encodé dans un fichier.

Généralement, les données sont issues d'une base de données Access mais Word 97 permet de créer et de saisir directement les enregistrements à l'aide de formulaires adéquats.

Pour réaliser un publipostage, il faut nécessairement passer par quatre étapes :

1. Création du document type contenant le texte standard. Celui-ci sera identique pour toutes les lettres personnalisées. A ce moment, il est impossible d'insérer les champs de fusion, car les données source n'ont pas encore été choisies. Lors de la fusion, Word 97 imprimera ce texte tel qu'il apparaît lors de sa saisie.

2. Création des données à fusionner à l'aide des outils proposés par Word 97. Si la base de données provient d'un autre logiciel (comme Access), il faut indiquer le chemin d'accès à ces informations.

3. Insérer les champs de fusion dans le document type. Word 97 connaît la source de données et les noms des champs; il suffit de placer ces noms dans le document type à l'endroit voulu pour que Word 97 les remplace par les données au moment de la fusion.

ELUS & ELUES
Armand De Decker
Boulevard Jacqmain, 123
75000 Paris
France

                              «NomSociété»
                              A l'attention de «Titre» «Prénom»
                              «Nom»
                              «Adresse»
                              «CP» «Ville»
                              «Pays»

                              Paris, 4 août 1997

Chère «Titre» «Nom», nous sommes heureux de vous annoncer que votre société a été
choisie pour représenter la France à la prochaine foire agricole de Paris.
Après analyse de votre dossier et des différents rapports qui sont en notre possession,

*Figure 9.1 : le document type se compose du texte standard
identique pour toutes les lettres.*

Numéro	Nom	Prénom	Titre	NomSociété	Adresse	CP	Ville
1	DURAND	Robert	Monsieur	GRAVITONE	11, rue de la Lir	75000	Paris
2	BASTIN	Anne	Madame	B.A.Q.	567, Ch. De Ga	1200	Bruxelles
3	RENARD	Geneviève	Mademoiselle		78, Avenue Par	75000	Paris
5	NOEL	Nathalie	Madame	Bruse&Wilson	453, Rue Antoir	75000	Paris
6	DAKAR	Bertrand	Monsieur		158, rue Haute	75000	Paris
* ›Number)						0	

Record: 14 | 1 | ▶ ▶I ▶* of 5

*Figure 9.2 : les données proviennent d'une base de données
Access, il faut indiquer à Word 97 où se trouve le fichier.*

«NomSociété»
A l'attention de «Titre» «Prénom»
«Nom»
«Adresse»
«CP» «Ville»
«Pays»

*Figure 9.3 :
insérer les
champs de fusion
dans le document
type pour que
Word 97 les
remplace par les
données.*

4. Effectuer la fusion pour que Word 97 remplace les champs du document type par les données de la base d'informations. Après cette phase, il est possible de sauver les différentes lettres dans un document ou de les imprimer.

9.2. Créer le document principal

La première étape consiste à créer le document type. Dans un premier temps, seule la saisie du texte standard identique pour toutes les lettres sera possible. En effet, tant que les données source ne sont pas choisies, il est impossible de connaître exactement les noms des champs de fusion et donc de les insérer dans le document type.

Le document type portera le nom de *Mail_Lettre* et sera stocké dans le dossier *Lettres*.

Pour créer le document type

1. Exécutez la commande *Fichier/Nouveau* ou appuyez sur le raccourci *Ctrl+N* pour créer un nouveau document vierge.

2. Introduisez le texte standard de la lettre et effectuez la mise en forme.

3. Sauvez le document en lui attribuant le nom *Mail_Lettre* : exécutez la commande *Fichier/Enregistrer* et entrez *Mail_Lettre* dans la zone de saisie *Nom de fichier*. Validez l'enregistrement en cliquant sur le bouton *Enregistrer* ou en appuyant sur la touche *Return*.

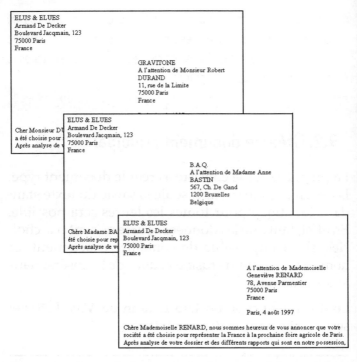

Figure 9.4 : lancer la fusion pour obtenir les lettres person-nalisées.

4. Exécutez la commande *Outils/Publipostage* pour afficher la fenêtre d'aide au publipostage (voir la figure 9.5).

5. Dans la zone *Document principal*, cliquez sur le bouton *Créer* pour dérouler un menu de commandes

6. Sélectionnez la commande *Lettres types*. Word 97 affiche une fenêtre d'avertissement.

7. Cliquez sur le bouton *Fenêtre active* pour indiquer que le document que vous venez de créer est le document type (ou document principal).

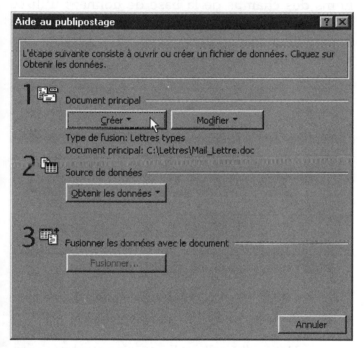

Figure 9.5 : choix du document type contenant le texte standard via la fenêtre d'aide au publipostage.

9.3. Choisir la source de données

Pour insérer les champs de fusion dans le document type, il est nécessaire de connaître exactement les noms des champs de la base de données utilisée comme source d'informations. Cette deuxième étape permet de choisir les données source, et donc de connaître les noms des champs.

NOTE

Word 97 offre également tous les outils pour créer le fichier source et saisir les données directement dans le traitement de texte. Un exemple est fourni dans le paragraphe *9.7. Créer le fichier source dans Word 97.*

Pour choisir le fichier source

Dans cet exemple, la source correspond à une base créée avec Access (logiciel de gestion de bases de données). Elle est stockée dans le dossier *Donnée*, porte le nom de *Data.mdb* (*.mdb* est l'extension attribuée automatiquement par Access à toutes les bases créées avec ce logiciel) et la table (ou le fichier) contenant les données s'appelle *Clients*.

1. Le document principal doit être affiché à l'écran. Exécutez la commande *Outils/Publipostage* pour afficher la fenêtre d'aide au publipostage.

2. Dans la zone *Source de données*, cliquez sur le bouton <u>O</u>btenir les données pour dérouler un menu de commandes.

3. Sélectionnez la commande <u>O</u>uvrir la source de données. Elle existe déjà (c'est une base créée avec Access), il ne faut donc pas utiliser la commande <u>C</u>réer la source de données.

4. Word 97 affiche une boîte de dialogue *Ouvrir la source de données*; elle permet de choisir le fichier de base de données.

5. Dans le menu déroulant <u>T</u>ype de fichier, choisissez le type des données sources : *MS Access Databases (*.mdb)*.

6. Le fichier contenant les données source se trouve dans un autre dossier que le document type. Cliquez sur le bouton *Dossier parent*, puis double-cliquez sur le dossier *Données* dans lequel vous verrez apparaître *Data.mdb*

7. Double-cliquez sur le nom *Data.mdb* pour valider le choix de la source de données.

8. Après quelques instants, Word 97 affiche une nouvelle fenêtre (voir la figure 9.6) dans laquelle vous retrouvez la table *Clients*. En fait, Word 97 établit un lien avec Access qui charge la base de données *Data.mdb* et affiche ses tables.

9. Cliquez sur *Clients* dans la liste *Tables dans Data.mdb* puis cliquez sur le bouton *OK* pour valider le choix.

10. Word 97 affiche un message d'avertissement indiquant qu'il n'a pas trouvé de champs de fusion dans le document type. C'est tout à fait normal ! Cliquez sur le bouton <u>M</u>odifier le document principal et passez à l'étape n°3 d'insertion des champs de fusion dans le document principal.

Figure 9.6 : Word 97 établit un lien d'échange dynamique de données avec Access qui affiche les différentes tables de la base de données Data.mdb.

9.4. Insérer les champs de fusion

Pour personnaliser chaque lettre, il est nécessaire d'introduire les champs de fusions. Chacun d'eux sera remplacé par l'information correspondante de la base de données lors de la fusion.

Les champs sont repérés sur le document par leur nom. Il est impossible de se tromper dans l'intitulé du champ, car Word 97 oblige l'utilisateur à choisir le champ de fusion dans une liste. Une fois tous les champs introduits dans le document principal, la phase de préparation du publipostage est terminée et la fusion peut s'opérer.

Pour insérer des champs de fusion

1. Placez le curseur à l'endroit exact où doit figurer le titre du destinataire de la lettre. Reportez-vous à la figure 9.3.

2. Dans la barre d'outils *Publipostage*, cliquez sur le bouton *Insérer un champ de fusion*. Word 97 déroule un menu comportant les noms des champs de la base de données source.

3. Choisissez le champ *Titre* en cliquant dessus. Word 97 insère le champ entre guillemets sur le document principal à l'endroit exact où se trouvait le curseur (voir la figure 9.7).

4. Déplacez le curseur d'une position pour insérer le champ *Nom*.

5. Cliquez sur le bouton *Insérer un champ de fusion* et choisissez le champ *Nom* dans la liste proposée. Word 97 insère le champ sur le document de la manière suivante : "Nom".

6. Faites de même pour tous les autres champs à insérer et sauvez le document en appuyant sur les touches *Ctrl+S*.

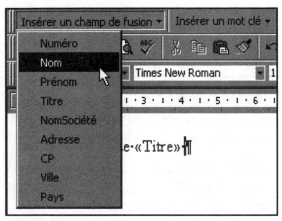

Figure 9.7 : l'insertion des champs de fusion s'effectue via la liste proposée par le bouton Insérer un champ de fusion de la barre d'outils Publipostage.

9.5. Lancer l'opération de fusion

Dernière étape dans le travail de publipostage : la fusion proprement dite. Le travail de Word 97 consiste à remplacer tous les champs insérés dans le document type par les données de la table *Clients*. Une fois le nouveau document affiché, il est possible d'imprimer toutes les pages personnalisées et de les sauver sur disque.

Pour lancer la fusion

1. Le document principal est affiché à l'écran, exécutez la commande *Outils/Publipostage* ou cliquez sur l'icône *Aide au publipostage* de la barre d'outils *Publipostage*. Word 97 affiche la boîte de dialogue *Aide au publipostage*.

2. Dans la zone *Fusionner les données avec le document*, cliquez sur le bouton *Fusionner*. Word 97 affiche une nouvelle boîte de dialogue *Publipostage* (voir la figure 9.8).

3. Dans le menu déroulant *Fusionner vers*, vous pouvez indiquer à Word 97 d'effectuer la fusion dans un nouveau document, d'envoyer les pages personnalisées vers l'imprimante ou vers l'outil de télécopie.

4. Cliquez simplement sur le bouton *Fusionner* pour afficher le résultat à l'écran.

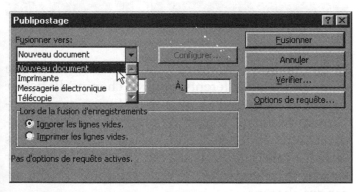

Figure 9.8 : la boîte de dialogue Publipostage permet de choisir de fusionner vers l'imprimante ou vers un nouveau document.

5. Word 97 crée autant de sections qu'il y a d'enregistrements dans la table *Clients* et personnalise chaque champ avec les données correspondantes. Vous pouvez sauver le nouveau document personnalisé en exécutant la commande *Fichier/Enregistrer*.

9.6. La barre d'outils *Publipostage*

Dès que vous créez un document principal pour le publipostage, Word 97 ajoute automatiquement la barre d'outils *Publipostage*. Celle-ci permet notamment d'insérer des champs de fusion ou d'accéder à l'assistant qui vous guide dans les différentes étapes pour le publipostage. Elle comporte d'autres icônes bien utiles.

Figure 9.9 : la barre d'outils Publipostage.

Le bouton *Insérer un champ de fusion* : déroule une liste comportant les différents noms de champs du fichier source. Pour insérer un champ de fusion dans le document principal, il suffit de placer le curseur à l'endroit voulu et de sélectionner le nom du champ dans la liste. Tant que vous n'avez pas choisi le fichier source, le bouton est grisé et il est impossible d'insérer des champs.

Le bouton *Insérer un mot clé* permet d'insérer des commandes dans le document principal. Grâce à ces commandes, vous pouvez par exemple indiquer d'afficher le mot *Cher* si le destinataire est masculin et le mot *Chère* si le destinataire est du sexe féminin. La commande utilisée est *Si…Alors…Sinon* et se base sur le champ *Titre* pour connaître le sexe du destinataire de la lettre.

Pour insérer un mot clé

1. Placez le curseur devant le titre du destinataire et cliquez sur le bouton *Insérer un mot clé* de la barre d'outils *Publipostage*.

2. Choisissez la commande *Si…Alors…Sinon*. Word 97 affiche une boîte de dialogue (voir la figure 9.10) facilitant la définition des options de la commande.

3. Dans la zone *Nom de champ*, cliquez sur la flèche pour faire apparaître la liste des noms de champs.

4. Choisissez le nom de champ *Titre*, car le test portera sur le titre pour déterminer le sexe du destinataire.

5. Dans la zone *Elément de comparaison*, laissez l'expression *est égal à*.

6. Dans la zone *A comparer*, entrez la chaîne *Monsieur*.

   A ce niveau, on peut traduire la commande par cette phrase : *si le champs Titre est égal à la chaîne Monsieur...*

7. Dans la zone *Insérer le texte suivant*, entrez la chaîne *Cher*.

8. Dans la zone *Sinon, celui-ci :*, entrez la chaîne *Chère*.

La commande terminée se traduit de la manière suivante : *si le champs Titre est égal à la chaîne Monsieur, introduisez dans le document principal, la chaîne Cher sinon, placez la chaîne Chère.*

9. Validez l'opération en cliquant sur le bouton *OK.* Word 97 affiche le mot *Cher* suivi du titre et du nom de la personne si c'est un " monsieur " et le mot *Chère* si c'est une dame ou une demoiselle.

10. Vous pouvez visualiser le code correspondant à ce champ spécial en cliquant droit sur le mot *Cher* et en exécutant la commande <u>B</u>asculer *les codes de champs.* Word 97 affiche le code suivant : {SI {CHAMPFUSION Titre} = «Monsieur» «Cher» «Chère»}.

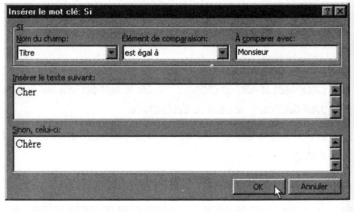

Figure 9.10 : la boîte de dialogue Insérer le mot clé : Si facilite la définition des options de la commande.

NOTE

Si vous ne voyez pas apparaître le code {CHAMPFUSION Titre} mais bien la chaîne *Monsieur*, cliquez-droit sur le mot et exécutez à nouveau la commande <u>B</u>asculer *les codes de champs*.

L'icône *Mode publipostage* permet d'afficher les données source directement dans le document principal ou les noms des champs. Une fois enfoncé, Word 97 remplace les noms de champs par les informations correspondantes du fichier source. Cette icône est très utile car elle permet, à tout moment, de vérifier le bon fonctionnement de la fusion.

Les icônes *Premier*, *Précédent*, *Suivant* et *Dernier* permettent de visualiser les différentes pages personnalisées de la lettre. En fait, Word 97 affiche les différents enregistrements de la base.

L'icône *Atteindre l'enregistrement* permet d'introduire un numéro d'enregistrement. Automatiquement, le traitement de texte affiche la page personnalisée pour l'enregistrement portant le numéro indiqué. Si le numéro entré est supérieur au nombre d'enregistrements dans la base, Word 97 affiche le dernier enregistrement.

L'icône *Aide au publipostage* affiche la boîte de dialogue d'assistance pour les différentes étapes dans l'opération de publipostage (voir la figure 9.5).

L'icône *Vérifier la fusion*, provoque l'affichage d'une boîte de dialogue où vous pouvez choisir de simuler la fusion et demander à Word 97 d'afficher les éventuelles erreurs. Si la fusion s'est déroulée normalement, le traitement de texte affiche un message de réussite de l'opération.

L'icône *Fusionner vers un nouveau document* permet de créer un nouveau document avec les différentes pages personnalisées pour tous les enregistrements de la base de données. En fait, Word 97 crée autant de sections qu'il y a d'enregistrements dans le fichier source. Cliquer sur cette icône est équivalent à cliquer sur le bouton *Fusionner* de la boîte de dialogue *Publipostage* (voir la figure 9.8).

L'icône *Fusionner vers l'imprimante* provoque l'impression des différentes lettres personnalisées. Si le document type fait une page et que le fichier source contient 18 enregistrements, 18 pages personnalisées seront imprimées. Cliquer sur cette icône est équivalent à cliquer sur le bouton *Fusionner* de la boîte de dialogue *Publipostage* lorsque *Imprimante* est choisie pour l'option *Fusionner vers*.

L'icône *Publipostage* provoque l'affichage de la boîte de dialogue *Publipostage* (voir la figure 9.8).

L'icône *Rechercher l'enregistrement*, permet d'effectuer une recherche rapide d'informations pour un champ précis.

L'icône *Modifier la source de données* n'est valable que si vous avez créé le fichier source avec les outils fournis par Word 97. Cette icône provoque l'affichage des données source pour une visualisation et une modification éventuelle. Toutes les données sont affichées enregistrement par enregistrement.

9.7. Créer le fichier source dans Word 97

Dans la plupart des cas, le fichier source est une base de données créée avec Access ou tout autre gestionnaire de base de données (FileMaker, Paradox, dBASE ou FoxPro). Word 97 est également capable de fusionner des données encodées dans un tableur comme Excel.

Si le nombre d'enregistrements du fichier source n'est pas important, vous pouvez créer directement le fichier dans Word 97. En effet, le traitement de texte dispose d'outils suffisants pour créer un document sous la forme d'une table, pour encoder les informations, et éventuellement les modifier.

Les différentes étapes pour le publipostage restent les mêmes, que le fichier source soit créé ou non dans Word 97. Seule l'étape 2 (voir le paragraphe *9.3. Choisir la source de données*) diffère quelque peu.

Les procédures suivantes indiquent toutes les étapes pour concevoir le fichier source tel qu'il a été créé avec Access (voir la table *Clients* de la base de données *Data.mdb*), pour visualiser rapidement des informations et pour les modifier.

Pour concevoir le fichier source *Data.doc*

1. Le document principal doit être affiché à l'écran. Exécutez la commande *Outils/Publipostage* ou cliquez sur l'icône *Aide au publipostage* dans la barre d'outils *Publipostage*. Word 97 affiche la boîte de dialogue *Aide au publipostage* (voir la figure 9.5).

2. Dans la zone *Source de données*, cliquez sur le bouton *Obtenir les données* pour faire dérouler une liste de commandes.

3. Sélectionnez la commande *Créer la source de données*. Word 97 affiche une nouvelle boîte de dialogue intitulée *Créer une source de données*.

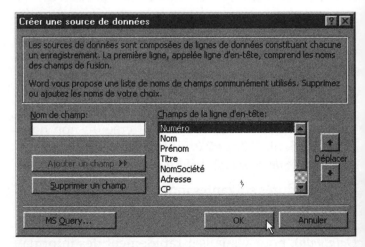

Figure 9.11 : la liste des noms de champs correspond aux noms introduits dans le document principal.

4. Dans cette boîte de dialogue, vous pouvez créer la structure du fichier source. La première ligne de ce fichier doit être constituée des en-têtes correspondant aux noms des champs. Les autres lignes seront les données ou enregistrements. Pour vous aider, Word 97 propose une série de noms de champs ; vous pouvez supprimer les noms qui ne vous intéressent pas et ne garder que ceux qui correspondent aux informations à introduire.

5. Pour supprimer un nom de champ, cliquez sur le nom dans la liste *Champs de la ligne d'en-tête* puis sur le bouton *Supprimer un champ*.

6. Pour introduire un nouveau nom de champ (*NomSociété* par exemple), entrez le mot dans la zone de saisie *Nom de champ*, puis cliquez sur le bouton *Ajouter un champ*.

7. Dès que tous les noms de champs sont introduits et tous ceux que Word 97 proposait sont supprimés, la liste *Champs de la ligne d'en-tête* doit être la même que celle indiquée sur la figure 9.11.

8. Cliquez sur le bouton *OK* pour valider la création du fichier source. Word 97 affiche la boîte de dialogue *Enregistrer sous*.

9. Introduisez un nom pour le document (car c'est un document comme un autre) dans la zone *Nom de fichier*.

10. Validez l'enregistrement en cliquant sur le bouton *Enregistrer*.

NOTE

Une fois la sauvegarde du fichier validée, Word 97 indique que le fichier *Data.doc* créé dans le traitement de texte, est le fichier source (voir la figure 9.12).

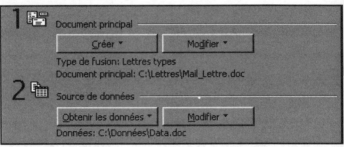

Figure 9.12 : la source de données correspond à un fichier créé dans Word 97.

Pour introduire des données dans le fichier source

Vous avez créé le document source, mais pour l'instant il est vide. Heureusement, Word 97 propose des formulaires pour saisir rapidement et simplement des données.

1. Cliquez sur l'icône *Modifier la source de données* (raccourci *Alt+Maj+E*). Word 97 affiche un formulaire spécial comme indiqué

sur la figure 9.13. Le curseur est positionné dans la zone de saisie correspondant au champ *Numéro*.

2. Vous pouvez entrer les différentes informations en appuyant sur la touche *Return* pour passer d'un champ à l'autre. Lorsque la dernière information est rentrée, la pression de la touche *Return* provoque l'affichage d'un nouvel enregistrement vierge.

3. Lorsque tous les enregistrements sont encodés, cliquez sur le bouton *OK* pour revenir au document principal.

Figure 9.13 : le formulaire permet d'encoder rapidement et simplement des enregistrements dans le fichier source créé avec Word 97.

- Bouton *Ajouter* : permet d'ajouter rapidement un nouvel enregistrement vierge. Word 97 affiche un enregistrement où tous les champs sont vides et le curseur est positionné dans le premier champ.

- Bouton *Supprimer* : supprime l'enregistrement affiché.

- Bouton *Rétablir* : annule les modifications apportées à l'enregistrement courant.

- Bouton *Rechercher* : permet de rechercher un enregistrement, il suffit de choisir le champ de recherche et d'entrer la valeur recherchée.

- Bouton *Afficher la source* : Word 97 affiche le document correspond au fichier source. Les informations sont gérées sous la forme d'un tableau où chaque colonne correspond à un champ et chaque ligne à un enregistrement. La première ligne représente les en-têtes ou noms des champs.

- Les boutons *Enregistrements* permettent de naviguer dans le fichier : premier enregistrement, précédent, atteindre l'enregistrement numéro, suivant et dernier.

Aller plus loin avec Word 97

Numéroter les pages
Insérer la date et l'heure
Construire des notes de bas de page
Introduire des commentaires
Créer une lettrine
Imprimer des enveloppes
Créer des en-têtes
Placer un texte en colonne

10.1. Numéroter les pages d'un document

Lorsqu'un document comporte plusieurs pages, il est intéressant de les numéroter afin d'éviter des catastrophes une fois le document imprimé. Word 97 possède une commande pour numéroter les pages et permet d'utiliser différents formats de numérotation. Les numéros sont positionnés automatiquement dans l'en-tête (zone de la marge supérieure) ou le pied (zone de la marge inférieure) de la page. Il est également possible de demander à Word 97 de numéroter à partir de la deuxième page d'un document.

Pour numéroter les pages

1. Affichez le document à numéroter.

2. Exécutez la commande *Insertion/Numéros de page* pour afficher la boîte de dialogue *Numéros de page*.

3. Dans la liste déroulante *Position*, choisissez l'endroit d'insertion du numéro de page : haut ou bas de page. Si vous voulez faire apparaître les numéros au bas de chaque page, choisissez l'option *Bas de page (pied de page)*.

4. Dans la liste déroulante *Alignement*, choisissez l'alignement du numéro introduit. Vous pouvez le centrer en cliquant sur l'option *Centrer*. Les options *Intérieur* et *Extérieur* s'utilisent lorsque les pages sont imprimées recto verso.

5. Si vous cliquez sur la case *Commencer la numérotation à la première page*, l'option étant désactivée, Word 97 ne placera pas de

numéro sur la première page. La numérotation commencera à la deuxième page du document avec le numéro 2.

6. En cliquant sur le bouton *Format*, Word 97 affiche une nouvelle boîte de dialogue *Format des numéros de page*. Dans cette boîte, vous pouvez choisir le type de numérotation (numérique, alphabétique, romaine, etc.).

7. Une fois toutes les options choisies, validez l'insertion des numéros de page en cliquant sur le bouton *OK*. Word 97 fait apparaître les numéros au bas de chaque page. Attention, le mode *Normal* ne permet pas de visualiser les numéros, vous devez passer au mode *Aperçu avant impression* ou au mode *Page*.

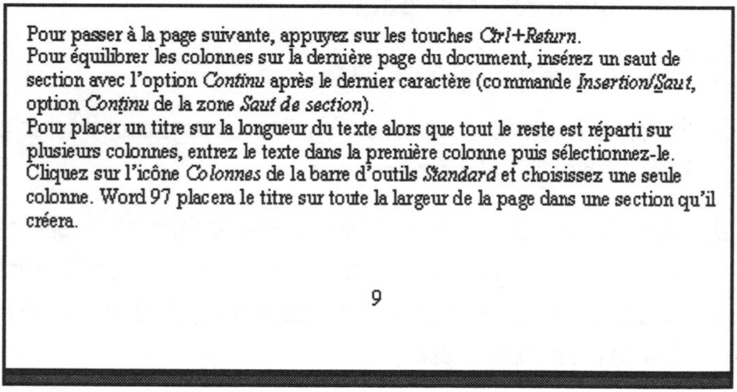

Pour passer à la page suivante, appuyez sur les touches *Ctrl+Return*.
Pour équilibrer les colonnes sur la dernière page du document, insérez un saut de section avec l'option *Continu* après le dernier caractère (commande *Insertion/Saut*, option *Continu* de la zone *Saut de section*).
Pour placer un titre sur la longueur du texte alors que tout le reste est réparti sur plusieurs colonnes, entrez le texte dans la première colonne puis sélectionnez-le. Cliquez sur l'icône *Colonnes* de la barre d'outils *Standard* et choisissez une seule colonne. Word 97 placera le titre sur toute la largeur de la page dans une section qu'il créera.

9

Figure 10.1 : insertion de numéros de page au bas de chaque page.

Pour supprimer les numéros de page

1. Ouvrez le document contenant les numéros de page à supprimer.

2. Exécutez la commande *Affichage/En-tête et pied de page* pour afficher les zones correspondant aux en-têtes et pieds de page et une barre d'outils associée. N'oubliez pas que Word 97 insère les numéros de page dans une de ces deux zones.

3. Si Word 97 place le curseur clignotant dans l'en-tête et que les numéros de page se trouvent dans le pied de page, cliquez sur l'icône *Basculer en-tête/pied de page* de la barre d'outils *En-tête et pied de page*. Le curseur se déplace automatiquement dans le bas de page.

4. Utilisez la touche *fléchée* pour déplacer le curseur sur le numéro de page. Cette information est gérée par Word 97 sous la forme d'un champ spécial. Il faut donc sélectionner l'entièreté du champ pour le supprimer.

5. Une fois que le numéro est en vidéo inverse, appuyez sur la touche *Suppr* du clavier pour le faire disparaître.

6. Cliquez sur le bouton *Fermer* de la barre d'outils *En-tête et pied de page* pour revenir au mode d'affichage par défaut. Les numéros de toutes les pages ont disparu.

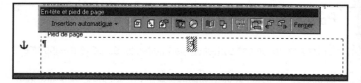

Figure 10.2 : suppression des numéros de page avec les outils de la barre En-tête et pied de page.

10.2. Insérer la date et l'heure

Grâce à une seule commande, il est possible d'introduire la date et l'heure dans le format et à l'endroit souhaité. De plus, Word 97 est capable de mettre ces deux éléments à jour automatiquement. Très utile pour les factures, l'insertion de date mise à jour permet d'avoir toujours la date du jour à chaque fois que vous ouvrez le document.

Pour insérer la date et l'heure

1. Placez le curseur à l'endroit du document où vous voulez voir apparaître la date et/ou l'heure.

2. Exécutez la commande *Insertion/Date et heure* pour faire apparaître la boîte de dialogue correspondante.

3. Choisissez le format de la date ou celui de l'heure en sélectionnant une des options de la liste.

4. Si vous voulez que Word 97 mette à jour automatiquement la date ou l'heure chaque fois que vous ouvrez le document, cliquez sur la case *Mettre à jour automatiquement*.

5. Validez l'insertion de la date/heure dans le document en cliquant sur le bouton *OK*.

6. Pour supprimer cet élément, il faut nécessairement le placer en vidéo inverse totalement et appuyez sur la touche *Suppr*. La date ou l'heure sont des champs spéciaux gérés par Word 97.

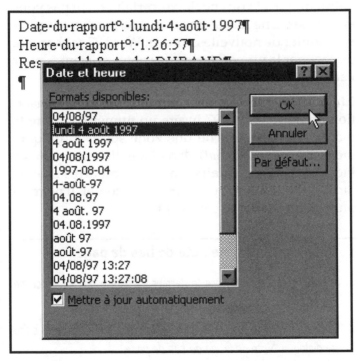

Figure 10.3 : insertion de la date et de l'heure avec mise à jour automatique.

10.3. Construire des notes de bas de page

Les notes de bas de page permettent de définir ou ajouter un commentaire particulier à un mot en fin de page. Word 97 insère un numéro (généralement placé en exposant) derrière le mot pour lequel une note se trouve à la fin de la page. La numérotation est automatique et vous ne devez certainement pas vous en soucier. Une fois le document terminé, vous pouvez ajouter de nouvelles notes et Word 97 se chargera de changer la numérotation des notes existantes pour l'adapter aux modifications effectuées.

Chaque fois que vous exécutez la commande d'insertion de notes, Word 97 insère un numéro derrière le mot concerné et affiche une zone spéciale (uniquement en mode *Normal*) dans laquelle vous pouvez indiquer le commentaire. La note comporte le même numéro de référence et un trait horizontal. Il ne reste plus qu'à encoder le commentaire.

Pour introduire une note de bas de page

1. Placez le curseur derrière le dernier caractère du mot concerné par la note.

2. Exécutez la commande *Insertion/Note* ; Word 97 affiche la boîte de dialogue *Note de fin ou de bas de page*.

3. Cliquez sur le bouton *Note de bas de page*. L'option *Note de fin* permet d'introduire des notes en fin de document.

4. Choisissez l'option *Numérotation automatique*, Word 97 numérote les notes avec les chiffres 1, 2, 3, etc.

5. Il est possible de choisir d'autres options grâce au bouton *Options*. Dans la nouvelle boîte de dialogue qui apparaît, vous pouvez indiquer d'insérer les notes en dessous du texte, vous pouvez choisir d'autres symboles pour la numérotation et indiquer à Word 97 de commencer la numérotation avec un autre chiffre que 1.

6. Validez l'insertion de la note en cliquant sur le bouton *OK*.

7. Si vous êtes en mode *Normal*, Word 97 affiche une zone d'insertion de note comme indiqué sur la figure 10.4. Par contre, en mode *Page*, Word 97 affiche le bas de la page et déplace le curseur après le numéro de référence.

8. Entrez la note ou le commentaire correspondant au mot référencé puis cliquez sur le bouton *Fermer* pour revenir au document. En mode *Page*, il suffit de cliquer dans le document.

9. La prochaine fois que vous exécuterez la commande d'insertion d'une note, Word 97 utilisera le symbole suivant dans la numérotation choisie.

Une fois introduite, la note peut être rapidement visualisée car, en déplaçant le pointeur de la souris sur le numéro suivant le mot référencé et en le laissant quelques secondes, Word 97 affiche le contenu du commentaire dans un rectangle jaune. En double-cliquant sur le numéro, Word 97 déplace automatiquement le curseur dans la note ; vous pouvez ainsi la modifier.

Cette config [...] PnP est l'acronyme de Plug and Play, technologie permettant à une carte d'extension de s'auto-configurer. Pour fonctionner correctement, il est nécessaire que le BIOS et le système d'exploitation soit également PnP. [...] dem, il est donc judicieux d'examiner le manuel fourni avec l [...] ct où placer le cavalier. Heureusement, sur la plupart des c [...] il n'est plus nécessaire d'effectuer cette opération. P [...] une de ces cartes, il suffit de rechercher l'inscription *PnP* sur la boîte ou dans le manuel. Un circuit spécial du modem est capable de déterminer le numéro IRQ valide en fonction des informations émanant du système sur les numéros utilisés par les autres périphériques. Trêve de bavardages, retroussez vos manches, prenez votre tournevis et ouvrez votre ordinateur. ¶

Repérez un bus d'extension vide, vous savez, les longs connecteurs noirs présents sur la carte mère. Otez la lame en fer blanc fixée sur la caisse métallique de l'ordinateur en face du

¶ *PnP* est l'acronyme de *Plug and Play*, technologie permettant à une carte d'extension de s'auto-configurer. Pour fonctionner correctement, il est nécessaire que le BIOS et le système d'exploitation soit également *PnP*. ¶

Figure 10.4 : insertion d'une note de bas de page en mode Page.

Pour supprimer une note, sélectionnez dans le document, le champ correspondant au numéro introduit derrière le mot référencé. Appuyez sur la touche *Suppr* pour voir disparaître la numéro (et la note). Bien entendu, Word 97 effectue une nouvelle numérotation des notes existantes pour refléter la disparition d'une note.

Vous pouvez parcourir le document suivant les numéros de notes de fin de page. Pour ce faire, cliquez

sur le symbole *Sélectionner l'objet parcouru* dans la barre de défilement verticale.

Figure 10.5 : choisir le parcours du document de références de notes en références.

Dans le menu d'options, cliquez sur *Parcourir par note de bas de page*. Utilisez les boutons *Pg Sv* et *Pg Préc* de la barre de défilement pour passer au numéro de référence de note suivant ou précédent.

10.4. Introduire des commentaires

Si un document est destiné à être relu sur ordinateur et non sur papier, vous pouvez directement inclure des commentaires. Bien qu'ils soient stockés dans le fichier en même temps que le texte et qu'ils soient affichés à l'écran, les commentaires ne seront pas imprimés. L'utilisateur a toutefois la liberté de les imprimer en fin de document.

Plusieurs personnes différentes peuvent faire des commentaires sur un même document. En quelques secondes, il est possible de retrouver tous les commentaires effectués par un relecteur particulier.

Si vous possédez l'équipement nécessaire (un micro connecté à une carte son et l'accessoire *Magnétophone* de Windows 95), vous pouvez introduire un commentaire vocal dans le texte. Il suffit de double-cliquer sur l'icône correspondant au fichier son pour entendre le commentaire du relecteur dans les haut-parleurs de l'ordinateur.

Pour introduire un commentaire

1. Placez le curseur derrière le dernier caractère du mot pour lequel vous voulez faire un commentaire.

2. Exécutez la commande *Insertion/Commentaire* pour afficher la zone commentaire au bas de l'écran (voir la figure 10.6).

3. Word 97 ajoute les initiales de l'utilisateur courant derrière le mot pour lequel un commentaire est effectué. De plus, il effectue un surlignage de couleur jaune fluorescente. Dans la zone *Commentaire*, le traitement de texte indique ces mêmes initiales suivies d'un numéro qu'il incrémente à chaque nouveau commentaire ajouté.

4. Le curseur étant positionné dans la zone de saisie des commentaires, vous pouvez introduire les différentes remarques.

5. Une fois le travail terminé, cliquez sur le bouton *Fermer* de la zone *Commentaire* pour revenir au document et passer à l'éventuel commentaire suivant.

6. Pour lire le commentaire, il suffit de placer le pointeur de la souris sur le mot surligné en fluo. Word 97 affiche aussitôt le commentaire dans un rectangle jaune ainsi que le nom complet (et non plus les initiales) de la personne responsable de ce commentaire.

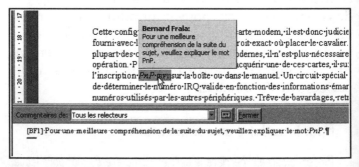

Figure 10.6 : insertion d'un commentaire dans un texte.

7. Vous pouvez faire apparaître la zone *Commentaire* en double-cliquant sur le numéro du commentaire placé entre crochets.

8. Pour supprimer un commentaire, sélectionnez le champ placé entre crochets et appuyez sur la touche *Suppr*.

Pour introduire un commentaire vocal

1. Placez le curseur derrière le dernier caractère du mot pour lequel vous voulez faire un commentaire.

2. Exécutez la commande *Insertion/Commentaire* pour afficher la zone commentaire au bas de l'écran (voir la figure 10.6). Word 97 y positionne le curseur.

3. Cliquez sur le bouton représentant une bande magnétique . Word 97 affiche l'accessoire *Magnétophone* de Windows 95.

4. Cliquez sur le bouton *Enregistrement* (le point rouge) et récitez le commentaire dans le micro.

5. Une fois terminé, cliquez sur le bouton *Arrêt* du magnétophone et fermez l'accessoire.

6. Pour entendre le commentaire, l'utilisateur devra simplement double-cliquer sur l'icône *Son*. La mise en route de l'accessoire *Magnétophone* est automatique et instantanée.

*Figure 10.7 : introduction d'un commentaire vocal grâce
au microphone branché sur la carte son de l'ordinateur et
l'outil Magnétophone de Windows 95.*

NOTE SUR LES COMMENTAIRES

Les commentaires introduits dans un document ne
sont pas imprimés. Toutefois, il est possible d'indiquer à Word 97 d'imprimer tous les commentaires
en fin de document. Pour cela, exécutez la commande
Outils/Options et cliquez sur l'onglet *Impression* de
la boîte de dialogue *Options*. Cochez la case *Commentaires* dans la zone *Inclure dans le document*.

10.5. Créer une lettrine

Une lettrine est la première lettre d'un chapitre ou d'un paragraphe occupant deux à plusieurs lignes de hauteur. Word 97 propose un outil pour créer rapidement une lettrine. Lors de la création, vous pouvez choisir la police utilisée pour la lettrine (uniquement), le nombre de lignes de hauteur et la distance par rapport au reste du texte. Enfin, Word 97 permet de réaliser des lettrines spéciales en les positionnant dans la marge gauche.

Pour créer une lettrine

1. Positionnez le curseur dans le paragraphe pour lequel la lettrine sera créée.

2. Exécutez la commande *Format/Lettrine* pour afficher la boîte de dialogue *Lettrine*.

3. Dans la zone *Position*, cliquez sur une des deux options *Dans le texte* ou *Dans la marge*.

4. Indiquez le nombre de lignes de hauteur dans la zone *Hauteur* et la distance séparant la lettrine de la suite du texte (en centimètres) dans la zone *Distance du texte*.

5. Terminez en sélectionnant la police de caractères dans la liste déroulante *Police*. Cette police n'affectera pas le reste du texte mais uniquement la lettrine.

6. Validez l'opération en cliquant sur le bouton *OK*.

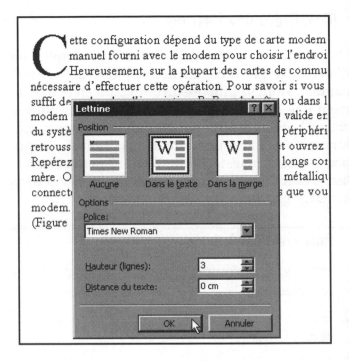

Figure 10.8 : création d'une lettrine avec la commande Format/Lettrine.

10.6. Imprimer des enveloppes

Si votre imprimante est capable d'imprimer des enveloppes (ce n'est malheureusement pas le cas de toutes les imprimantes lasers), vous pouvez utiliser l'assistant de composition d'enveloppes de Word 97.

En quelques clics de la souris, vous pouvez encoder les adresses d'expéditeurs et de destinataires, choisir une police de caractères attrayante et même ajouter un logo pour imprimer le tout sur une enveloppe de votre choix.

Pour faciliter le travail d'insertion des adresses, Word 97 peut rechercher une adresse encodée dans le carnet d'adresses de *MS Exchange*. Dès que vous entrez une adresse d'expéditeur et que vous imprimez l'enveloppe, Word 97 demande la sauvegarde de cette adresse. De cette manière, à la prochaine utilisation de l'outil de conception d'enveloppes, il ne sera plus nécessaire d'introduire l'adresse de l'expéditeur.

Pour créer une enveloppe

1. Créez un nouveau document et exécutez la commande *Outils/Enveloppes et étiquettes*. Word 97 affiche la boîte de dialogue *Enveloppes et étiquettes*.

2. Vérifiez que l'onglet *Enveloppes* est sélectionné.

3. Commencez par introduire l'adresse de l'expéditeur dans la zone de saisie *Expéditeur*

4. Si votre adresse ne se trouve pas dans le carnet d'adresses de *MS Exchange*, encodez directement les informations en cliquant dans la zone de saisie et en utilisant la touche *Return* chaque fois que vous voulez aller à la ligne.

5. Si votre adresse se trouve dans le carnet de *Exchange*, cliquez sur le symbole 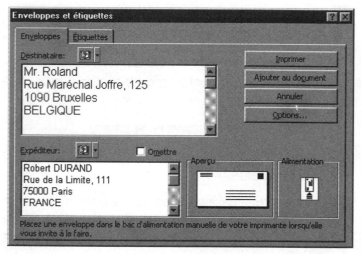 pour faire apparaître une nouvelle boîte de dialogue. Word 97 demande s'il faut utiliser les paramètres du programme *Exchange* ; validez pour utiliser le carnet d'adresses. Cette boîte de dialogue n'apparaîtra plus la prochaine fois.

6. Dans la boîte de dialogue *Sélectionner un nom*, double-cliquez sur le nom de la personne concernée. Word 97 place automatiquement les informations relatives à cette personne dans la zone de saisie.

7. Cliquez dans la zone de saisie *Destinataire* et recommencez les étapes 4 et 5 précédentes.

Figure 10.9 : encodage des adresses de l'expéditeur et du destinataire ou sélection dans le carnet d'adresses de MS Exchange.

8. Une fois les deux adresses encodées, vous pouvez définir la police utilisée pour imprimer ces informations. Cliquez sur l'enveloppe dans la zone *Aperçu*. Word 97 affiche une boîte de dialogue intitulée *Options d'enveloppe*.

9. Cliquez sur les boutons *Polices* des zones *Adresse de l'expéditeur* et *Adresse du destinataire* pour choisir la police de caractères de chacune des deux adresses.

10. Pour indiquer l'endroit exact d'impression des adresses, vous pouvez ajuster les marges supérieure et gauche dans les zones correspondantes. A chaque modification, examinez la zone *Aperçu* pour visualiser le résultat de l'opération.

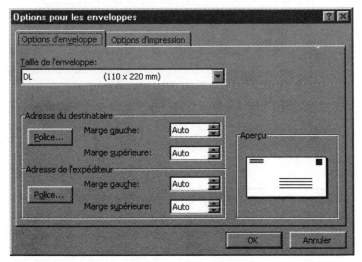

Figure 10.10 : définition de la mise en forme des adresses sur l'enveloppe.

11. Choisissez le type d'enveloppe dans la liste déroulante *Taille de l'enveloppe* .

12. Dans la boîte de dialogue *Options pour les enveloppes*, cliquez sur l'onglet *Options d'impression*.

13. Cliquez sur un des six rectangles pour indiquer la méthode d'alimentation des enveloppes dans l'imprimante. N'oubliez pas cette option et respectez-la au moment d'insérer l'enveloppe dans l'imprimante.

14. Choisissez l'alimentation dans la liste déroulante *Alimentation*.

15. Validez les options en cliquant sur le bouton *OK* pour revenir à la fenêtre principale de l'assistant de conception d'enveloppes.

16. Allumez votre imprimante, insérez une enveloppe dans le bac d'alimentation et cliquez sur le bouton *Imprimer* pour lancer l'opération d'impression. Word 97 affiche un message demandant si l'adresse indiquée dans la zone *Expéditeur* doit être sauvée pour une réutilisation future. Cliquez sur le bouton *Oui* pour que Word 97 insère automatiquement cette adresse la prochaine fois que vous utiliserez l'assistant de conception d'enveloppes.

Pour insérer un logo sur l'enveloppe

N'essayez pas d'introduire une image dans la zone *Expéditeur* de la boîte de dialogue *Enveloppes et étiquettes* : vous n'y arriveriez pas. Par contre, en cliquant sur le bouton *Ajouter au document*, Word 97 créera, en début de document, une section contenant les adresses. C'est dans cette section particulière que vous pourrez insérer l'image ou le logo.

1. Commencez par concevoir la lettre comme indiqué au paragraphe précédent.

2. Une fois les adresses encodées et le format d'enveloppe déterminé, cliquez sur le bouton *Ajouter au document*. Word 97 crée une section au format d'enveloppe défini précédemment en y ajoutant les adresses.

3. Placez le curseur à l'endroit où vous voulez insérer l'image.

4. Exécutez la commande *Insertion/Image*.

5. Insérez l'image en la positionnant à l'endroit voulu. Sur la figure 10.11, l'image est placée en dessous de l'adresse du destinataire. Les options *Filigrane* et *Habillage aucun* ont été utilisées.

Pour automatiser le processus d'insertion d'une image dans l'adresse, Word 97 propose une technique particulière. En effet, il n'est pas nécessaire d'ajouter l'image dans le document. Vous pouvez utiliser la commande d'insertion automatique pour associer l'image à l'abréviation *EnveloppeExtra1* (ce n'est pas vraiment une abréviation mais ce n'est pas grave, il ne faudra pas l'utiliser).

1. Cliquez sur le dessin importé.

2. Appuyez sur les touches *Alt+F3* pour faire apparaître la boîte de dialogue *Créer une insertion automatique*.

3. Entrez l'abréviation *EnveloppeExtra1* dans la zone de saisie *Nom de la nouvelle insertion*.

4. Validez en cliquant sur le bouton *OK*.

En définissant cette abréviation, Word 97 sait qu'il doit insérer le logo dans l'adresse de l'expéditeur. Il est possible d'ajouter d'autres images en les associant à l'abréviation *EnveloppeExtra2*.

Robert DURAND
Rue de la Limite, 111
75000 Paris
FRANCE

                Mr. Roland
                Rue Maréchal Joffre, 125
                1090 Bruxelles
                BELGIQUE

Figure 10.11 : introduction d'un logo sur l'enveloppe. Pour réaliser cette opération, il faut impérativement afficher les adresses dans un document.

NOTES SUR LA MÉTHODE D'ALIMENTATION

Toutes les imprimantes récentes - qu'elles soient lasers ou jet d'encre - peuvent imprimer des enveloppes. Pour certaines, un bac spécifique est même prévu à cet effet ; c'est le cas de la jet d'encre HP DeskJet 870 qui permet d'insérer une quinzaine d'enveloppes.

Cette particularité doit être signalée à Word 97. Cliquez sur la zone *Alimentation* et choisissez l'option *Alimentation enveloppes* dans le menu déroulant correspondant. Si l'imprimante n'a pas de bac spécifique, l'option *Alimentation manuelle* est généralement utilisée.

Pour certaines imprimantes et malgré les options choisies, un phénomène de bourrage peut survenir. Dans ce cas, vous devez essayer d'autres méthodes d'alimentation : insérez l'enveloppe une fois à gauche, une autre à droite ou encore au milieu. N'oubliez pas d'adapter l'option dans la boîte de dialogue en fonction de la méthode choisie. Changez également le format ; utiliser une plus grande enveloppe peut parfois régler ce problème.

10.7. Créer des en-têtes et des pieds de pages

Les en-têtes et les pieds de page sont des zones d'une page dans lesquelles vous pouvez insérer du texte ou des images qui seront automatiquement imprimés sur chacune des pages du document respectivement dans la marge supérieure et dans la marge inférieure.

Les en-têtes et les pieds de page sont généralement utilisés pour afficher le titre du document ou le numéro de page. Certains courriers comportent le nom de la société et le logo sur chaque page. Il suffit d'insérer ces informations une seule fois dans la zone prévue par Word 97 pour que le document imprimé comporte les données sur toutes les pages. Grâce aux options de la commande, vous pouvez indiquer des entêtes et pieds de page différents pour les pages paires et impaires ou spécifier un en-tête différent pour la première page du document.

Pour créer un en-tête

L'en-tête proposé sur la figure 10.12 comporte trois types d'informations :

- du texte : le titre du rapport ;
- une date : la date de création du rapport ;
- un champ : le nom du créateur du rapport.

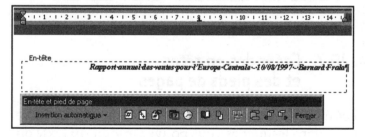

Figure 10.12 : exemple d'en-tête avec un titre, la date du jour et le nom de l'utilisateur.

1. Ouvrez le document pour lequel l'en-tête doit être créé.

2. Exécutez la commande *Affichage/En-tête et pied de page*. Word 97 affiche le curseur clignotant dans une zone en pointillé dans la marge supérieure de la page. De plus, la barre d'outils *En-tête et*

pied de page apparaît à l'écran. Cette zone correspond à l'en-tête de la page et vous pouvez directement encoder les informations nécessaires.

3. Entrez le titre du rapport : *Rapport annuel des ventes pour l'Europe Centrale.*

4. Séparez l'information avec un tiret puis insérez la date en utilisant le bouton *Insérer la date* de la barre d'outils *En-tête et pied de page.* Word 97 utilise le format par défaut défini dans la boîte de dialogue *Date et heure* (voir le paragraphe *10.2. Insérer la date et l'heure* pour plus de renseignements). Si vous n'êtes pas satisfait du format appliqué, exécutez la commande *Insertion/Date et heure* et choisissez le format voulu dans la liste proposée par la boîte de dialogue.

5. Séparez l'information avec un tiret. Il ne reste plus qu'à ajouter le nom de l'utilisateur. Exécutez la commande *Insertion/Champ* pour afficher la boîte de dialogue *Champ.*

6. Dans la liste *Catégorie*, sélectionnez *Utilisateur* car le champ concerne l'utilisateur du logiciel.

7. Dans la liste *Champs*, sélectionnez le nom *NomUtil* qui correspond au nom de l'utilisateur.

8. Validez l'insertion en cliquant sur le bouton *OK.* Ne vous souciez pas des informations introduites dans la zone de l'en-tête. Sachez que ces symboles placés entre accolades {} représentent un champ et que celui-ci sera remplacé à l'affichage et à l'impression par la date d'une part et le nom de l'utilisateur d'autre part.

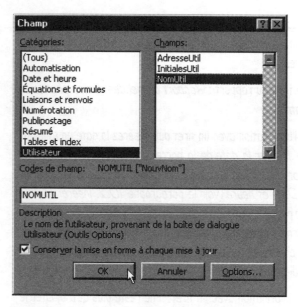

*Figure 10.13 : la boîte de dialogue Champ
permet d'introduire n'importe quel champ.
Dans ce cas précis, le champ correspond au
nom de l'utilisateur (commande Outils/
Options, onglet Utilisateur).*

9. Pour faire disparaître ces codes, sélectionnez le paragraphe et cliquez droit pour faire apparaître le menu contextuel.

10. Sélectionnez la commande *Basculer les codes de champs* ; Word 97 remplace les symboles par les valeurs réelles des champs.

11. Ou plus simplement, utilisez le raccourci *Alt+F9*.

12. Appliquez la mise en forme à l'en-tête en lui attribuant une taille de police plus petite, en le centrant et en ajoutant un trait inférieur de

1 pt. Avant d'effectuer toutes ces opérations, n'oubliez pas de sélectionner l'entièreté de l'en-tête comme un paragraphe dans un texte du document.

13. Cliquez sur le bouton *Fermer* de la barre d'outils *En-tête et pied de page* pour revenir au document.

14. Passez en mode *Aperçu avant impression* pour voir le résultat de l'en-tête sur toutes les pages du document.

Les icônes de la barre d'outils En-tête et pied de page

La barre d'outils possède d'autres icônes intéressantes pour ajouter rapidement des informations ou passer d'un en-tête à l'autre ou d'un en-tête à un pied de page. Cette barre s'affiche automatiquement à l'écran dès que vous exécutez la commande *Affichage/En-tête et pied de page*, ou que vous double-cliquez dans une des deux zones correspondantes (en mode *Page* uniquement).

Figure 10.14 : la barre d'outils En-tête et pied de page.

Pour **positionner rapidement le curseur de la zone en-tête à la zone pied de page ou vice versa,** cliquez sur l'icône *Basculer en-tête/pied de page* 🔳 . Une fois l'en-tête ou le pied de page créé, il n'est pas nécessaire d'exécuter la commande *Affichage/En-tête et pied de page* pour positionner le curseur dans la zone. En mode *Page*, il suffit de double-cliquer dans la zone en grisé pour y amener le curseur.

Si le texte du document vous gêne dans la **saisie de l'en-tête ou du pied de page,** vous pouvez le masquer en cliquant sur l'icône *Afficher/Masquer le texte du document*. Pour le faire réapparaître, cliquez à nouveau sur la même icône.

Pour **insérer les numéros des pages**, cliquez sur l'icône *Insérer un numéro de page* 🔳.

Pour **insérer le nombre total de pages** du document, cliquez sur *Insérer le nombre de pages* 🔳.

Pour **accéder rapidement à la boîte de dialogue *Format des numéros de page*** et changer le type de numérotation, cliquez sur l'icône *Numérotation de page* 🔳.

Pour **insérer la date** dans le format défini par défaut (voir la commande *Insertion/Date et heure*), cliquez sur *Insérer la date* 🔳.

Pour **insérer l'heure** dans les mêmes conditions que la date, cliquez sur *Insérer l'heure* 🔳.

Pour **accéder rapidement à la boîte de dialogue *Mise en page*** 🔳, cliquez sur *Mise en page*. Cette boîte permet de définir la position des en-têtes et pieds de page dans les marges inférieure et supérieure par rapport au début du texte (onglet *Marges*). L'onglet *Disposition* permet également d'indiquer à Word 97 que les en-têtes ou pieds de page de la première page sont différents et que les en-têtes des pages impaires sont différents de ceux des pages paires.

Pour **passer d'un en-tête défini à un autre** (lorsqu'ils sont différents d'une page paire à une page impaire ou pour passer aux en-têtes définis dans une autre section par exemple), cliquez sur les boutons *Afficher en-tête/pied de page précédent* ou *Afficher en-tête/pied de page suivant*.

Pour **adapter les en-têtes et les pieds de page** d'une section à l'autre, cliquez sur le bouton *Identique au précédent* 🔳. Après confirmation, Word 97 insérera le même en-tête que dans la section précédente.

Pour **fermer la zone en-tête ou pied de page** et replacer le curseur dans le document, cliquez sur le bouton *Fermer*.

10.8. Placer un texte en colonnes

Le style " colonne " est principalement utilisé dans les journaux ou les périodiques. Word 97 est tout à fait capable de gérer le multi-colonnage de largeur égale ou inégale. Le nombre de colonnes peut également varier tout au long d'un document, voire même sur une seule page. L'icône *Colonnes* de la barre d'outils *Standard* permet de définir rapidement le nombre de colonnes voulues. Pour définir plus précisément les options des colonnes, utilisez la boîte de dialogue *Colonnes* qui s'affiche à l'écran dès que vous exécutez la commande *Format/Colonnes*. Attention, pour visualiser les différentes colonnes, utilisez le mode *Page* ou *Aperçu avant impression*.

Pour créer des colonnes

1. La manière la plus rapide consiste à cliquer sur l'icône *Colonnes* de la barre d'outils *Standard*, puis de sélectionner le nombre de colonnes voulues.

2. Si l'outil proposé n'est pas suffisant, exécutez la commande *Format/Colonnes*. Word 97 affiche la boîte de dialogue *Colonnes*.

3. Dans la zone *Prédéfinir*, choisissez le type de colonnage. Si les colonnes sont de largeurs inégales, sélectionnez par exemple l'option *Gauche* ou *Droite*.

4. Dans la zone de saisie *Nombre de colonnes*, entrez le nombre de colonnes souhaitées.

5. Si les colonnes sont de largeurs égales, cliquez immédiatement sur la case *Largeurs de colonne identiques*.

6. Par contre si elles ne sont pas de largeurs égales, entrez les différentes valeurs souhaitées dans la zone *Largeur* correspondant à chacune des colonnes.

7. Si vous désirez un trait séparateur entre les colonnes, cliquez sur la case *Ligne séparatrice*.

8. Vous pouvez décider de créer des colonnes sur une partie du document seulement. Pour cela, il faut avoir préalablement positionné le curseur à l'endroit exact où débuter le colonnage. Dans la liste déroulante *Appliquer*, sélectionnez l'option *A partir de ce point*.

9. Chaque fois que vous ajoutez une nouvelle option, Word 97 montre le résultat obtenu dans la zone *Aperçu*.

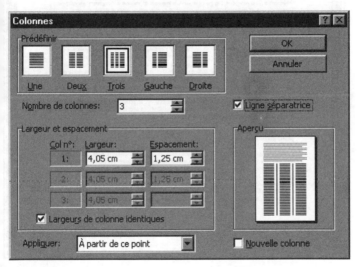

Figure 10.15 : la boîte de dialogue Colonnes permet de définir avec précision les options pour les colonnes multiples.

10. Dès que vous cliquez sur le bouton *OK*, Word 97 insère les colonnes. Si un texte était présent, celui-ci est formaté et adapté au nombre de colonnes indiqué. Si aucun texte n'était présent, vous pouvez saisir l'article.

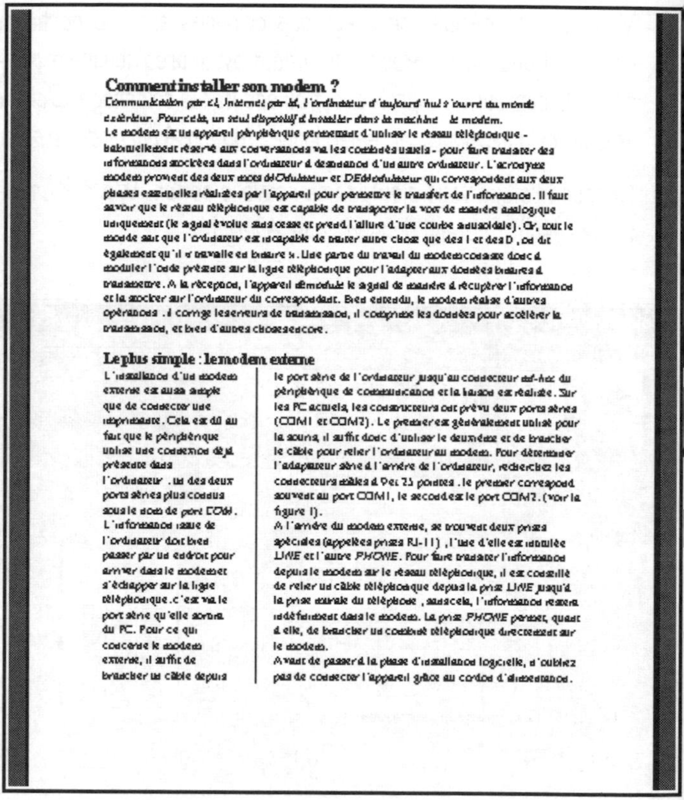

Comment installer son modem ?

Communication par ci, Internet par là, l'ordinateur d'aujourd'hui s'ouvre du monde extérieur. Pour cela, un seul dispositif à installer dans la machine : le modem.

Le modem est un appareil périphérique permettant d'utiliser le réseau téléphonique - habituellement réservé aux conversations vocales courantes usuelles - pour faire transiter des informations stockées dans l'ordinateur et demandées d'un autre ordinateur. L'acronyme modem provient des deux mots dMOdulateur et DEModulateur qui correspondent aux deux phases essentielles réalisées par l'appareil pour permettre le transfert de l'information. Il faut savoir que le réseau téléphonique est capable de transporter la voix de manière analogique uniquement (le signal évolue sans cesse et prend l'allure d'une courbe sinusoïdale). Or, tout le monde sait que l'ordinateur est incapable de traiter autre chose que des 1 et des 0, ce qui également qu'il « travaille en binaire ». Une partie du travail du modem consiste donc à moduler l'onde présente sur la ligne téléphonique pour l'adapter aux données brutes à transmettre. À la réception, l'appareil démodule le signal de manière à récupérer l'information et la stocker sur l'ordinateur du correspondant. Bien entendu, le modem réalise d'autres opérations : il corrige les erreurs de transmission, il compresse les données pour accélérer la transmission, et bien d'autres choses encore.

Le plus simple : le modem externe

L'installation d'un modem externe est aussi simple que de connecter une imprimante. Cela est dû au fait que le périphérique utilise une connexion déjà présente dans l'ordinateur : un des deux ports séries plus connus sous le nom de port COM. L'information issue de l'ordinateur doit bien passer par un endroit pour arriver dans le modem et s'échapper sur la ligne téléphonique. C'est via le port série qu'elle sortira du PC. Pour ce qui concerne le modem externe, il suffit de brancher un câble depuis le port série de l'ordinateur jusqu'au connecteur ad-hoc du périphérique de communication et la liaison est réalisée. Sur les PC actuels, les constructeurs ont prévu deux ports séries (COM1 et COM2). Le premier est généralement utilisé pour la souris, il suffit donc d'utiliser le deuxième et de brancher le câble pour relier l'ordinateur au modem. Pour déterminer l'adaptateur série à l'arrière de l'ordinateur, recherchez les connecteurs mâles à 9 ou 25 pointes : le premier correspond souvent au port COM1, le second est le port COM2. (Voir la figure 1).

À l'arrière du modem externe, se trouvent deux prises spéciales (appelées prises RJ-11), l'une d'elle est intitulée LINE et l'autre PHONE. Pour faire transiter l'information depuis le modem sur le réseau téléphonique, il est conseillé de relier un câble téléphonique depuis la prise LINE jusqu'à la prise murale du téléphone ; auxquelles, l'information restera indéfiniment dans le modem. La prise PHONE permet, quant à elle, de brancher un combiné téléphonique directement sur le modem.

Avant de passer à la phase d'installation logicielle, n'oubliez pas de connecter l'appareil grâce au cordon d'alimentation.

Figure 10.16 : toutes les options spéciales sont regroupées. Un titre est centré sur toute la longueur, les colonnes sont de largeurs différentes, la page comporte 1 puis plusieurs colonnes et celles-ci sont équilibrées.

Notes

Pour effectuer un saut de colonne, appuyez sur les touches *Maj+Ctrl+Return* ou exécutez la commande *Insertion/Saut* et sélectionnez l'option *Saut de colonne* dans la boîte de dialogue.

Pour passer à la page suivante, appuyez sur les touches *Ctrl+Return*.

Pour équilibrer les colonnes sur la dernière page du document, insérez un saut de section avec l'option *Continu* après le dernier caractère (commande *Insertion/Saut*, option *Continu* de la zone *Saut de section*).

Pour placer un titre sur la longueur du texte alors que tout le reste est réparti sur plusieurs colonnes, entrez le texte dans la première colonne, puis sélectionnez-le. Cliquez sur l'icône *Colonnes* de la barre d'outils *Standard* et choisissez une seule colonne. Word 97 placera le titre sur toute la largeur de la page dans une section qu'il créera.

10.9. Créer et gérer des listes

Si plusieurs lignes de texte réparties sur autant de lignes font partie d'une liste, il peut être intéressant de les numéroter ou plus simplement, de les faire précédent d'un symbole spécial (une puce).

Word 97 permet d'attribuer rapidement une puce (ou tout autre symbole) ou des numéros devant chacune des lignes composant la liste. Pour cela, il suffit de sélectionner l'ensemble des éléments de la liste et de cliquer sur les boutons *Puces* ou *Numérotation* de la barre d'outils *Mise en forme*. Si vous n'êtes pas satisfait de l'opération, vous pouvez toujours enlever ces numéros ou ces puces en cliquant à nouveau sur les mêmes boutons.

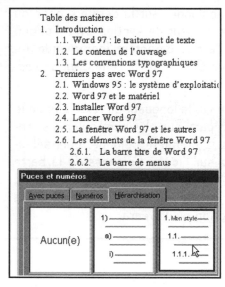

Figure 10.17 : la liste hiérarchisée constitue une table des matières, la numérotation est automatiquement créée par Word 97 en fonction des retraits définis dans les différents niveaux de titres.

De plus, la liste peut être hiérarchisée, de sorte que vous pouvez entrer n'importe quel sous-titre en définissant des retraits (utilisez le bouton *Augmenter le retrait* de la barre d'outils *Mise en forme*); Word 97 associera une numérotation différente (voir la figure 10.17).

Pour créer une liste à puces

1. Entrez les différents éléments de la liste en les séparant par des caractères de fin de paragraphes (touche *Return*).

2. Sélectionnez l'ensemble des éléments de la liste.

3. Cliquez sur l'icône *Puces* de la barre d'outils *Mise en forme*. Word 97 place automatiquement des puces devant chaque paragraphe représentant les éléments de la liste.

4. Pour enlever les puces, sélectionnez l'ensemble des éléments de la liste et cliquez sur l'icône *Puces* de la barre d'outils *Mise en forme*.

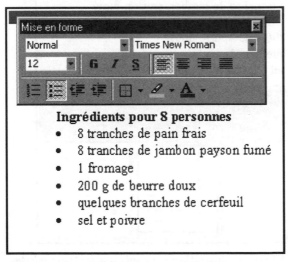

Figure 10.18 : création d'une liste à puces.

Pour personnaliser la puce

Vous pouvez introduire un autre symbole que la puce proposée par défaut par Word 97 via l'icône *Puces* de la barre d'outils *Mise en forme*.

1. Sélectionnez les différents éléments de la liste.

2. Exécutez la commande *Format/Puces et numéros* pour afficher la boîte de dialogue *Puces et numéros*.

3. Cliquez sur l'onglet *Avec puces*.

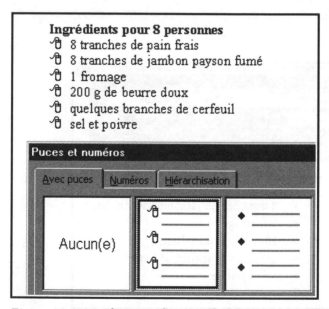

Figure 10.19 : utilisation d'un symbole spécial pour la liste.

4. Choisissez un des symboles proposés en cliquant sur un des sept rectangles.

5. Si vous désirez un autre symbole, choisissez un autre rectangle que celui intitulé *Aucun(e)* et cliquez sur le bouton *Personnaliser*.

6. Word 97 affiche une boîte de dialogue *Personnaliser la liste à puces* dans laquelle vous pouvez choisir la police de caractères et le symbole voulu grâce aux boutons *Police* et *Symbole*.

7. Une fois le symbole choisi, cliquez une première fois sur le bouton *OK* pour revenir à la boîte de dialogue *Puces et numéros*. Vous remarquerez que le rectangle affiche le symbole sélectionné.

8. Cliquez sur le bouton *OK* pour valider l'opération d'insertion du symbole devant chaque élément de la liste.

Pour créer une liste numérotée

1. Sélectionnez les différents éléments de la liste.

2. Cliquez sur le bouton *Numérotation* de la barre d'outils *Mise en forme*. Word 97 numérote chaque paragraphe en commençant avec le chiffre 1, puis 2, etc.

3. Si vous désirez un autre type de numérotation, exécutez la commande *Format/Puces et numéros*. Word 97 affiche la boîte de dialogue *Puces et numéros*.

4. Cliquez sur l'onglet *Numéros*.

5. Choisissez une des numérotations en cliquant sur un des sept rectangles.

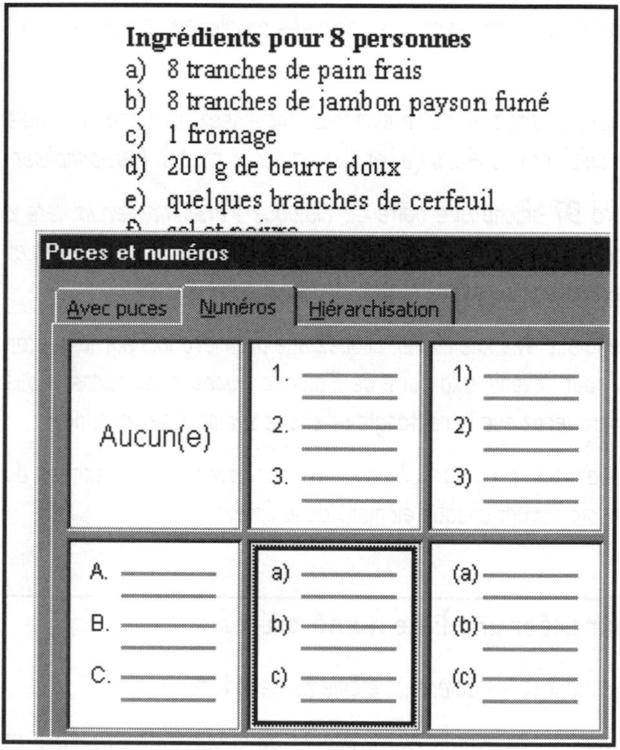
Ingrédients pour 8 personnes
a) 8 tranches de pain frais
b) 8 tranches de jambon payson fumé
c) 1 fromage
d) 200 g de beurre doux
e) quelques branches de cerfeuil
Puces et numéros
Avec puces
Numéros
Hiérarchisation
Aucun(e)
1.
2.
3.
1)
2)
3)
A.
B.
C.
a)
b)
c)
(a)
(b)
(c)

Figure 10.20 : choix d'un autre type de numérotation via la boîte de dialogue Puces et numéros.

Pour créer une liste hiérarchisée

1. Introduisez les différents éléments de la liste.
2. Chaque fois que vous voulez que l'élément soit de niveau inférieur, cliquez sur le bouton *Augmenter le retrait* de la barre d'outils *Mise en forme*.

3. Pour remonter un élément d'un niveau, cliquez sur le bouton *Diminuer le retrait*.

4. Une fois tous les éléments introduits (voir la figure 10.21), sélectionnez-les.

5. Exécutez la commande *Format/Puces et numéros* pour afficher la boîte de dialogue correspondante.

6. Cliquez sur l'onglet *Hiérarchisation*.

7. Cliquez sur un des sept rectangles pour choisir la numérotation voulue.

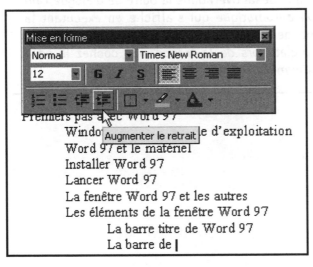

Figure 10.21 : la liste est hiérarchisée grâce aux retraits définis lors de la saisie des éléments.

NOTE SUR L'AUTOMATISATION DE NUMÉROTATION

Chaque fois que vous entrez un nombre en première position sur une ligne, Word 97 est capable de reconnaître ce nombre comme le début d'une liste. Dès que vous appuyez sur la touche *Return* pour introduire la deuxième ligne, il affichera automatiquement le numéro suivant (2. si vous avez commencé avec 1., B. si la première ligne commençait avec A., etc.). Cette fonctionnalité représente l'automatisation de numérotation des listes lors de la frappe. Vous pouvez l'activer (ou la désactiver) dans la boîte de dialogue *Correction automatique* qui s'affiche en exécutant la commande *Outils/Correction automatiques*. Cliquez sur l'onglet *Lors de la frappe* puis cochez la case *Listes numérotées automatiques*.

Table des matières

Index alphabétique

C

F

G, H, I

L, M